ぐうたら神父の山日誌

ito atsushi
伊藤 淳

女子パウロ会

ぐうたら神父の山日誌

もくじ

装幀　水戸部功

はじめに

聖書では、山は神に出会う場所とされています。

自らを振り返ってみても、山を麓から眺めたり山奥に分け入ったりした際に、神の存在を実感したことが確かにあります。山の頂で風に吹かれながら、聖霊の導きを感じることもありました。谷を越えた尾根の向こうから、あるいは稜線《りょうせん》にかかる雲や霧の中から、イエスの声がこだまのように響くのを幾度か耳にしてきたように思います。

ひと言で言えば、それはいつも福音書にあるあの御言葉《みことば》でした。

「まだ悟らないのか」

この本につづられているのは、山で悟らなかった十七の体験談ですが、厳密な意味での山岳書ではありません。山とは言えないような山や、登ってもいない山も紛れ込んでいます。

わたしのような者が山で神と出会い、山で招かれて洗礼を受け、山で導かれて神父にまでなった奇跡に興味がある方や、わたしのようなものを神がそれでも見捨てずに、叱咤激励しながら支え続けてくださっている神秘を知りたい方には、からし種一粒分くらいは資するものがあるかもしれません。

いずれにせよ、愛といつくしみの心、寛容と忍耐の精神をもってお読みいただければ幸いです。

富士山《ふじさん》

一度も登らぬ馬鹿、二度登る馬鹿

山梨県の富士吉田市、南都留郡鳴沢村《みなみつるぐんなるさわむら》と、静岡県の富士宮市、富士市、裾野市、御殿場市、駿東郡小山町にまたがる活火山で、日本の最高峰。標高三七七六メートル。成層《せいそう》火山特有の美しい円錐形の山容は海外でも有名。古来霊峰として信仰の対象とされてきたが、今では一般の登山客や観光客も大勢訪れる。富士箱根伊豆国立公園に属し、世界遺産にも登録されている。

わたしはキリスト教とはまったく無縁の家庭に生まれ育ちました。後にわたしが信者になっても神父になっても、家族の誰一人としてキリスト教に関心を示すようにはならなかった、筋金入りの不信仰一家です。

そんなうちの母親が何を思ったのか突然、小学五年生のわたしに向かって、「あんた、栄光学園を受けてみない？」と言い出したのです。

栄光学園はイエズス会を運営母体とするカトリックの中高一貫校ですが、わたしの母親がそこに惹《ひ》かれたとは思えません。かといって、進学校志向の教育ママだったというわけでもなさそうで、「栄光がだめだったら公立中学に行けばいい」と言って、一校だけ受験させられたのです。

当時からぼーっとしていたわたしは、自分では何も考えず、言われるままに受験し、できが悪かったにもかかわらず、不思議なことになぜかまぐれで合格してしまい、栄光学園に通うことになったのですが、少しすると、真っ黒い背広と真っ黒いシャツに、白い変なものを首に巻いた（ローマンカラーなどという名称を当時は知りませんでした）、風変わりないでたちの先生が何人かいることに気付きました。同級生から、あの先生たちは神父なのだと聞いて、栄光学園がキリスト教の学校であることを、そのとき初めて知りました。わたしはそれくらい、ぼーっとした子だったのです（ちなみに、カトリックだとかイエズス会だとかいうことは、卒業するまでよく分かっていませんでした）。

そんなわたしも、一学期が終わるころにはなんとか学校にも慣れ、友だちもできて、何人かの同級生と夏休みに富士山に登る計画を立てたりしたのでした。

まだ梅雨が明けきらない七月後半、富士スバルライン五合目は完全に雲の中で、すっぽりと霧に包まれていて眺望もまったく得られませんでしたが、それでも雨が降っているよりはずっとましということで、身支度を整え、ザックを背負い、さてさてどっちに行けばいいのかなと、皆で周囲をキョロキョロ見回していると、小御嶽《こみたけ》神社と書いた案内板が目に留まりました。

せっかくですし、登頂の成功を祈願していこうではないかということになり、立ち並ぶレストハウスの裏手に回って小さな鳥居をくぐり、社の前で横一列に並びました。お賽銭《さいせん》はもったいないから出さずに拝むだけ拝もう、などと作法も知らないまま適当にかしわ手を打ち、目をつむって頭を下げたりしてそれなりに真剣に参拝した後、他の連中もちゃんと拝んでいるか確認しようと横を見ると、全員一緒に並んでいると思っていたのに、ひとりI君だけがそこにおらず、少し離れたところで所在なげに、何も見えない霧のかなたを眺めていました。

そばまで行って「どうしたの?」と尋ねたのですが、「いや、別に……」などと笑顔でごまかされ、それがまた何かありそうに感じられたので、「なんで拝まないんだよ」とさらに突っ込むと、「いや、おれ、カトリック信者だからさ」と、さほど大したことではないふうに教えてくれました。

「カトリック?」

「そう、キリスト教」

「キリスト教だと、神社とかお参りしちゃだめなの?」と聞くと、「まあね」とそっけない返事。なんだか触れてはいけないことに触れてしまったように思えて、それ以上追及するのはやめました。

　仲間に気を遣ってそっとその場を離れるI君の立ち居振る舞いにおとなの雰囲気を感じましたが、それだけでなく、信仰というわたしのあずかり知らぬ世界の凄味《すごみ》みたいなものを、普段は温厚なI君のうちに見いだして、ちょっと尊敬してしまったりしたのでした。

　小御嶽神社をI君が参拝しなかったせいなのか、残りのメンバーがカトリック学校の生徒なのに参拝したせいなのか、誰もお賽銭を出さなかったせいなのか、吉田口登山道を八合目辺りまで登ってきたところで、雨が本格的に降り始めました。また、皆がそろいもそろって高山病ぎみになってきたこともあり、全会一致であっさりと登頂を断念、山小屋に入ってこたつで暖を取りながら、インスタントなのにものすごい値段のラーメンを注文して食べ、それからそのまま後ろに倒れて少し昼寝をし、いくらか体調が回復したところで下山を開始しました。

砂走りという下山専用の火山礫《かざんれき》の斜面を、一歩ごとに二、三メートル、ザッザッと飛びはねるようにして駆け下り、上りの三分の一の所要時間であっという間に五合目まで戻ってきました。そして、敗北感もあったのでしょう、そのまま逃げるように家路についたのでした。

このときの二つの体験、つまり、富士山に登ったけれど登頂できずに終わったことと、I君がキリスト教徒ゆえに神社を参拝しなかったことは、ぼーっとしたわたしの心にも印象深く刻み込まれ、それ以降、山とキリスト教に対して特別な関心を抱くようになっていきました。

十年後、社会人になって最初の夏休みに、中学からの悪友K氏から、富士登山の誘いを受けました。就職した会社のトレーニーとしてタイに留学することが決まったK氏は、日本人のくせに富士山に登った経験がないと、現地で馬鹿《ばか》にされてしまうのではないかと心配し、十年の間にそこそこの山ヤになっていたわたしに同行を求めてきたのでした。

しかし、わたしは逡巡《しゅんじゅん》しました。山が好きになり、山に関する知見が広がる中で、「富士山に一度も登らぬ馬鹿、二度登る馬鹿」という格言のような言葉があることを知ってしまったからです。山ヤなら思わずうなずいてしまう言い得て妙なこの言葉が、わたしを悩ませ迷わせたのです。

十年前のあのとき、わたしは登頂を諦め途中で引き返してきたので、富士山の頂上には登っていません。ですから「富士山に一度も登らぬ馬鹿」のままです。

一方、K氏のこの誘いに乗ると、挑戦回数で言えば「二度登る馬鹿」になります。

しばらく考えあぐねていたものの、どう転んでも馬鹿のそしりは免れないわけで、それならば、「踊る阿呆《あほう》に見る阿呆、同じ阿呆《あほ》なら踊らにゃ損々」という、山とは無関係の阿波踊りの歌詞を援用し、どっちにしろ馬鹿と言われるなら登らにゃ損々と考えることにして、K氏とともに、十年前と同じスバルライン五合目に立ったのでした。

十年前と同じように準備を整え、十年前と同じようにザックを背負い、十年前と同じように進路を探してキョロキョロしていると、十年前と同じように小御嶽神社が目に留まりました。K氏は「やっぱりここは登頂祈願しとかなきゃいかんだろう」と言うと、そのまま鳥居をくぐって神社の前に進んで行きました。わたしはといえば、十年前のI君と同じように鳥居の少し手前で立ち止まり、K氏が気前よく賽銭を投じるのをぼーっと眺めていました。

この十年の間に、わたしは山だけでなくキリストにも魅了され、洗礼を受けてキリスト者になっていたのです。

それを忘れているのか、知らないのか、どうでもいいのか、K氏は「なんだよおまえ、ちゃんとお参りしないで、登頂できなくてもいいのか」と難じてきました。わたしは十年前のI君をまねして、「まあね」と笑ってごまかしながら、先に歩き出しました。

大勢の登山客と一緒に列をなしながら八合目付近まで登ってきたところで、日も傾き、また疲れもたまってきたので、十年前にすさまじい値段のラーメンを食べたのと同じ山小屋で一泊することにしました。

翌朝は快晴でした。寝坊してご来光こそ見逃したものの、そんなことはぼーっとしたわれわれにとっては織り込みずみで、八時ごろまでにはなんとか無事に登頂を果たすことができました。

剣ヶ峰に立ち、「頭を雲の上に出し」どころか雲一つない青空の下、「四方の山を見下ろして」どころか八丈島や福島県、和歌山県まで見渡せるというすばらしい眺望に見とれながら、同時にわたしは心の中で、十年前のI君を見習って信仰を守り抜いた自らの気概に酔いしれていました。そして、「おれの賽銭の効果を見よ」と胸を張るK氏の横で、登頂成功と晴天はわたしへの神からのご褒美のように感じて、ひとり悦に入っていました。

一瞬、これで永久に「富士山に二度登る馬鹿」になってしまったという思いが脳裏をよぎり、興がそがれそうになりましたが、山とともにいられるなら、そして神とともにいられるなら、永久に馬鹿でもいいやと、すぐに居直りました。

馬鹿となったわたしの頭上には、馬鹿みたいに青く澄んだ大空が広がり、足下には馬鹿みたいに大きな火口があんぐりと口を開けていました。

丹沢《たんざわ》

ドイツから来た天狗

神奈川県北西部に連なる山群の総称で、丹沢山地、丹沢山塊ともいう。最高峰の蛭《ひる》ヶ岳《たけ》は標高一六七三メートル。東西約四〇キロメートル、南北約二〇キロメートルに及び、その面積は神奈川県の約六分の一を占め、大部分が丹沢大山国定公園に指定されている。首都圏から近く交通の便がよいこともあり、年間約三〇万人の登山者が訪れる。

中一から高三まで六年間通った栄光学園は、鎌倉市の外れ、大船駅から歩いて十五分ほどの緑豊かな山の上にあり、校舎三階の渡り廊下の窓からは西方の山々が一望できました。特に空気が澄んだ冬場は、真っ白に冠雪した富士山や、その右手前に黒々と連なる丹沢の山並みがくっきりと見え、晴れた日の休み時間にはいつも窓ガラスに額と鼻を押し付けて、一人で飽きることなく眺め続けていたものです。

あまのじゃくな性格のせいか、誰もが知る秀麗な富士山よりも、むしろ地味な丹沢の方に心惹かれ、地図やガイドブックを買ってきて調べてみると、この山塊が魅力あふれる登山の対象であることが分かり、それならばただ眺めているだけでなく、実際に丹沢に行ってみたい、この足で登ってみたいと思うようになりました。

わたしが入学した当時、栄光学園には山岳部があり、天狗さんが指導していました。天狗さんとは、一九三四年にドイツから来日したイエズス会の司祭で、六甲学院や栄光学園の教師だったハンス・シュトルテ先生のことです。先生は登山家としても有名で、特に丹沢では知らぬ者などいないほどの存在でした。その高い鼻と赤みを帯びた頬、山を歩き回る様子から、「天狗さん」と呼ばれるようになったのだそうです。

丹沢に感興を覚え、丹沢の主のような天狗さんに憧れたわたしは、ぜひとも山岳部に入りたいと思いました。

しかし、山岳部員は高校生に限定されていました。

我慢が足りない中学生だったわたしは、なんとかならないかとあれこれ模索するうちに、天狗さんが丹沢自然保護協会という団体の副会長をしていることを知り、山岳部にまだ入れないというのなら、まずはこちらに入ろうと思い立ち、すぐさま習ったこともない天狗さんのところに行って、熱い思いを胸におずおずと入会を願い出てみました。

ところが、歓迎してもらえるとばかり思っていたのに、「だめなんだよ」と、けんもほろろに断られてしまったのです。

中学生が一人で入会するのは時期尚早ということだったようですが、憧れの天狗さんと初めて話すだけでも緊張して過呼吸ぎみになっていたところに、その天狗さんのたったひと言であっさりと夢が破れてしまって、この世の終わりのように落ち込んでいる年端も行かない中学生の姿が哀れを誘ったのか、天狗さんは何冊かパンフレットを持ってきてわたしにくれました。丹沢自然保護協会の会報誌「丹沢だより」でした。

今の今まで悲しみに打ちひしがれていたというのに、今度はあっという間に有頂天になったわたしは、教室に戻るとすぐにもらったばかりの「丹沢だより」を開いて読み始めました。

鼻息も荒くページをめくっていくと、〝天狗の丹沢夜話〟という連載記事が目に留まりました。

「わお！　これこれ！」

わたしは胸を高鳴らせながら、休み時間が終わったことにも気付かないほど夢中になって読みふけりました。

そこには天狗さんのこんな体験談が紹介されていました。

初めての登山で、弁当も水も懐中電灯も持たず、二十万分の一の地図を頼りに、鳥屋《とや》から焼山《やけやま》、蛭ヶ岳、丹沢山と歩いて、夜八時に塔ノ岳に到着したものの、下山路が分からずに困っていると、草むらから人が現れ、黙って下山し始めたので、その後を追って大倉尾根を下っていき、ようやく人家が見えるところまで来たら、その人はこつ然と消えてしまった……。

期待以上の不思議な話にすっかり魅了されてしまったわたしは、いても立ってもいられなくなり、山岳部入部も丹沢自然保護協会入会も待つことなく、次の休日には友人と二人で早速、丹沢の入門コースである表尾根の縦走を決行したのでした。

小田急線の大秦野（秦野の当時の駅名）で電車を降り、バスに乗り換えて蓑毛《みのげ》へ、そこから柏木林道を歩いてヤビツ峠へ、さらに二ノ塔、三ノ塔、烏尾山、行者ヶ岳、新大日、木ノ又大日とたどり、ついに憧れの塔ノ岳に到達しました。

残念ながら山頂はガスの中で展望はありませんでしたが、途中、山小屋に着くたびにその山のバッジを買い集めたり（後に処分に困ることになったが）、登山地図に記されているコースタイムを上回るハイペースで登りきったりして（後に膝を痛めることになったが）、塔ノ岳登頂の達成感には格別なものがありました。

下山路は、丹沢夜話の天狗さんと同様に大倉尾根を選びました。別名バカ尾根の標高差千二百メートルを、若さにまかせて半ば駆けるように一気に下りきり、夕方には無事に麓の大倉集落に到着して、バス停の前の雑貨屋兼食堂のような店でラーメンをすすりながら渋沢駅行きのバスを待ちつつ、わたしは大いなる充実感に浸っていました。ただ、日没前に下山し終えてしまったせいか、道案内してくれるこの世ならざる者は残念ながら現れませんでした。

いずれにせよ、わたしは登山という行為と丹沢という山にすっかり魅了されてしまい、高校生になったら絶対に山岳部に入って天狗さんと一緒に丹沢を歩き、不思議な体験のご相伴にあずかるんだと心に決め、そのときを楽しみに指折り数えて待つ日々が始まりました。

ところが、わたしが中三になった年に、なんと山岳部の廃部が発表されたのです。

天狗さんが創部した伝統ある山岳部でしたが、その天狗さんが歳を取って指導が難しくなったからという理由で、部そのものまでなくしてしまうということに納得がいかず、まだ習ったことがない天狗さんのところに再び出向いて、今度は山岳部存続を直訴しました。しかし、今回もまた「だめなんだよ」と一蹴され、なんとも割り切れない気持ちのまま職員室を出たところで、こうなったらもう思い切って丹沢自然保護協会に入会してしまおうと心に決めたのでした。

以前天狗さんにもらった「丹沢だより」の奥付に記載されている住所に入会希望の手紙を送ると、しばらくして会員番号八八六番の会員証と、「丹沢自然保護協会」と印刷された腕章が送られてきました。「丹沢だより」も最新号が毎月送られてくるようになりました。

わたしは会員証を定期入れの裏面に収め、腕章を愛用のリュックサックの雨蓋《あまぶた》の上に安全ピンで留め、「丹沢だより」最新号を毎月隅から隅まで読み込んで、満足感に浸っていました。

また、山岳部がなくなるのなら自分でつくってしまおうと、山などにあまり興味もなさそうな同級生を無理やりメンバーに引き込んで、むじな山岳会という自主サークルを立ち上げたりもしました。そして機会を見つけては、むじな山岳会のメンバーを引っ張り出して、愛着の強まった丹沢に足しげく通うようになりました。

大山を手始めに、大倉尾根から塔ノ岳、丹沢山、さらに太礼《たれい》ノ頭《あたま》、円山木《えんざんぎ》ノ頭、本間ノ頭と連なる丹沢三峰《みつみね》、丹沢山から蛭ヶ岳、そこから北に姫次《ひめつぎ》、焼山と続く丹沢主脈、蛭ヶ岳から西に臼ヶ岳、檜洞丸《ひのきぼらまる》とたどる丹沢主稜《しゅりょう》、塔ノ岳から大丸《おおまる》、小丸《こまる》、鍋割山《なべわりやま》を経て後《うしろ》沢乗越《ざわのっこし》へと下る鍋割山稜《さんりょう》、鍋割山から南西に雨山峠《あめやまとうげ》、檜岳《ひのきだっか》、秦野峠へと延びる檜岳山稜と、東丹沢の登山コースを一つひとつ制覇するたびに赤い線を地図に引いて、わたしは一人悦に入っていました。そして、東丹沢の尾根道をあらかた歩いてしまうと、今度は同角山稜、犬越路《いぬごえじ》、畦ヶ丸《あぜがまる》、不老山といった西丹沢の山々に足を延ばし、赤い線も地図の左の方に延びていきました。

高校生になってしばらくすると、むじな山岳会の多数派は、横浜にある名門女子高のハイキング部員との合コンにフィールドを移し、少数派のわたしは、奥秩父や上越国境、さらに南アルプスや北アルプスにフィールドを移したので、むじな山岳会の仲間と丹沢を歩くことはほとんどなくなりました。

高三になり、受験勉強も本格化して山そのものから足が遠のき、結局憧れの天狗さんと一緒に丹沢を歩く機会もないまま卒業するのかと残念に思っていたところが、最後の最後にチャンスが訪れました。

栄光ヒュッテに前泊して丹沢で初日の出を拝みたいという、酔狂《すいきょう》な連中のたっての願いを聞き入れ、天狗さんが特別に引率してくれることになったのです。

栄光ヒュッテとは、一九五七年に天狗さんが丹沢での活動拠点として、栄光学園の教員仲間や生徒たちと力を合わせて札掛《ふだかけ》に建てた手作りの山小屋です。自然を体験するための教育施設ということで、当然のことながら電気など引いておらず、夜ともなれば灯油ランプをともして明かりにし、薪ストーブで暖を取る、そんな不便な環境なのですが、都会の生活に慣れた高校生たちにとってはなぜかとても新鮮で魅力的に感じられるのでした。

今回、その栄光ヒュッテに天狗さんとともに陣取った十一名は、共通一次試験を二週間後に控えた受験生で、もちろん中には準備万端余裕綽々《しゃくしゃく》な者もいたでしょうが、わたしも含めて大半は受験勉強が苦痛で、そのストレスから逃れるために親の反対を押し切って飛び出してきたような愚かな連中でした。

年が明けた一月一日午前四時、わたしたちはまだ暗い中、天狗さんに率いられて栄光ヒュッテを出発しました。

栄光ヒュッテのある札掛からヤビツ峠までの丹沢林道（神奈川県道七十号秦野清川線の未舗装当時の通称）は、上りとはいえ勾配もほとんどなく、何人も横に並んで歩けるほど道幅も広く、数人が懐中電灯をつければそれで事足りるほど足元も確かで、この世ならざる者の道案内などまったく不要な、とても気楽な道程でした。青山荘まではずっと藤熊川の東岸を行くので、植林帯であっても頭上西側にはいくらか空がのぞき、そこに散らばって見える星々のきらめきが、ご来光への期待感を高めてくれていました。

山の夜は普通なら緊張を強いられるものですが、この時点では皆浮かれているのかくだらないおしゃべりに夢中で、先頭を行く天狗さんとの距離がどうしても開いてしまい、それでも追いつこうとしないわたしたちを、ときどき立ち止まり黙って待っていてくれる天狗さんなのでした。

一時間ちょっとでヤビツ峠に到着して小休止、そこから林道を離れ、丸太階段を登っていく岳ノ台への登山道に入りました。道自体はしっかりと整備されているのですが、林道と違って道幅も狭く傾斜もあり、なにより鬱蒼《うっそう》とした常緑針葉樹林をくぐっていくようになって足元ががぜんおぼつかなくなり、それまでの笑い混じりのおしゃべりがぴたっとやんで、夜明け前の冬山の静寂の中、荒い呼吸音だけが聞こえてくるようになりました。

変化に乏しい植林帯の単調な登高の末に、小一時間でようやく標高八百九十九メートルの岳ノ台山頂に飛び出しました。空はすっかり明るくなっていて、日の出も間近に思われました。西には真っ白に雪を頂き、ちょっと赤みを帯びた富士山が堂々たる山容で鎮座しており、単純な高校生たちの興奮を一気に高めてくれるのでした。

無事に目的地に到着し、登りの労苦から解放されたことで、箸が転んでもおかしい年ごろの男子高校生に戻ったわたしたちは、愚にもつかないような中身の薄い話題でゲラゲラと笑い合いながら時間を浪費していましたが、しばらくして突然、仲間の一人が高揚した調子で叫びました。

「日の出まで、あと五分！」

その声に所期の目的を思い出したわたしたちは、この地味な山には立派すぎる展望台に駆け上って、そこからご来光を拝むことにしました。

「あと三分！」

「おー」

「あと二分！」

「おおー」

「あと一分！」

「おおおー」

「あと三十秒！」

「おおおおー」

日の出時刻確認担当者の緊張感あふれる時報に、軽薄な高校生たちの気分はどんどん高まっていきます。

「十、九、八……」

カウントダウンに皆も声を合わせます。

「三、二、一、ゼロ！」

「……」

「ん？」

時計が狂っていたのか房総半島に雲があったのか、「ゼロ！」のコールの三分後にようやく、相模湾に浮かぶ江の島の向こうからオレンジ色の太陽が昇ってきました。

待たされたこともあって興奮の極に達したわたしたちは、口々に「さいこー」だの「すげー」だの「うひょー」だのと、思い思いの叫び声を上げて原始的感情を爆発させたり、もう少し文化的な者は「あけましておめでとー」だの「きんがしんねーん」だの「がしょー」だのと年始の挨拶を叫んでおめでたさを演出したりしていました。

そのときでした。

「静かに拝むんだよ！」

大きくて低くてドスの利いたドイツなまりの怒声が響き渡りました。

それまでムクドリの群れのようにやかましかったわたしたちは、元旦の丹沢にこだまする天狗さんの一喝で瞬時に口をつぐみ、わたしなどは息まで止めて、固まったまま眼球だけを天狗さんの方に向けました。

天狗さんはそのまま微動だにせず、われわれをいちべつすることもなく、ひと言も発せず、静かに、ただじっと太陽を見つめていました。十字を切るでもなく、手を合わせるでもなく、祈りの言葉を発するでもなく、ちょっとまぶしそうにメガネの奥の目を少しだけ細めて、ただただじっとご来光を見つめ続けていました。

わたしもまた姿勢を崩さずに目だけを動かして、ご来光と天狗さんの横顔とを交互に見比べていました。

太陽に向けられている天狗さんの視線は、わたしのように単なるしきたりの対象として初日の出を拝むような、そんな浅薄で形式的なものではなく、太陽という神の被造物の深奥に、精神性とか霊性とかいった不可視なものを探し求めているように見受けられました。

天狗さんが教師であると同時に登山家でもあることを敬慕していたわたしが、ご来光に赤く照らされたその横顔に、〝神父〟を見て取った瞬間でした。

それから三十年近くたって、思いがけず天狗さんに再会する機会が訪れました。

九十歳を過ぎてさすがに介護が必要となった天狗さんは、東京の石神井にあるロヨラハウスという、リタイアしたイエズス会士のための家に住むことになりました。ロヨラハウスの向かいには東京カトリック神学院があり、わたしはそこの神学生でした。

栄光学園の後輩で神学院の同級生だったM神学生から話を聞いて、二人で訪ねていきました。わたしのことなどまったく覚えていないにもかかわらず、天狗さんは喜んで親しげに迎え入れてくれ、それから訪問するたびに「ベッドから落ちちゃったんだよー」と繰り返し教えてくれました。そしてまた、「ここを出たいんだよー」と繰り返し愚痴を聞かせてくれました。

そこで、M神学生とわたしは一計を案じました。天狗さんを神学院の聖堂に招いて、ミサをしてもらうことにしたのです。

院長の許可を得ると、早速実行に移しました。

まず二人で天狗さんをロヨラハウスに迎えに行き、付き添って外に連れ出しました。どこに向かっているのか理解できないようで、天狗さんはちょっと心配そうでしたが、齢を重ねてもさすがは山男、ベッドから落ちて痛めたという足を多少引きずってはいたものの、神学院まで意外としっかりした足取りですたすたと歩いていきました。

天狗さんにとって神学院内部は未体験ゾーンなので、あちこち見回したりして、さすがに戸惑っている様子がありありとうかがえましたが、そのまま強引に聖堂の祭具室まで案内していき、身支度の手伝いはM神学生にまかせてわたしは聖堂に移り、祭壇の準備を整えるとそのまま席について入祭を待ちました。

何分かして、初めて見る祭服姿の天狗さんが聖堂に入ってきました。

先ほどまでの不安気な様子は微塵《みじん》もなく、背筋を伸ばし、視線をまっすぐに送って、堂々とした姿勢で祭壇まで進むと、ミサが始まりました。

「父と、子と、聖霊のみ名によって」

十字を切りながら発せられた第一声は、大きくて低くてドスが利いていました。ドイツなまりも、丹沢で聞いたときと同じでした。

ほんの一瞬たじろいだ後、すぐに「アーメン」と応唱しながら、わたしは口元と涙腺が同時に緩むのを必死になって堪えていました。

多少のミスはありましたが、ご聖体も拝領して、三人だけのミサは無事に終了しました。

それから少しして、夏休みで教区に戻っていたわたしのもとに、天狗さん帰天の報が届きました。

わたしにとって最初で最後の天狗さんのミサ、そして天狗さんが主司式したおそらく最後のミサにあずかることができた喜びと、教師をやめても、登山家をやめても、天狗さんは最後まで神父だったことをこの目でしっかりと見届けることができた幸せを、自らも司祭になった今、改めてかみしめているわたしなのです。

槍《やり》ヶ《が》岳《たけ》

わが青春に悔いあり

長野県松本市と大町市、岐阜県高山市の三市にまたがる日本第五位の高峰。標高三一八〇メートル。飛騨山脈南部に位置し、中部山岳国立公園に属する。その名のとおり山頂部が槍の切っ先のようにとがっており、特徴的な山容は遠くからもそれと分かる。登山者に特に人気の高い山。

コロナ禍で日本中が外出自粛を強いられていたところ、読書文化の普及に貢献するためとして、「七日間ブックカバーチャレンジ」なるものがフェイスブックをにぎわせていました。自分の好きな本を一日一冊選び、その表紙の写真を七日間連続で投稿するとともに、毎日一人の友人をチャレンジに招待するというもので、もともとは説明をつけないのがルールだったらしいのですが、自分が好きな本に関してはどうしてもコメントしたくなるようで、多くの人が選んだ本への思いを熱く語っていました。

ある日、暇に飽かせてブックカバーチャレンジをあれこれと眺めていたら、丸メガネの顔がついている屈曲した鉛筆のイラストを表紙にした文庫本がアップされているのに目が留まりました。投稿者は横浜にある名門女子高のハイキング部員だったMさんで、説明にはこうありました。

「ブックカバーチャレンジ二日目。二日目は『わが青春に悔いあり』遠藤周作著。大学二年の夏、わたしは奥上高地の横尾山荘で働きました。ある日、見知らぬ登山者が、『登山道で擦れ違った人から、横尾を通るならば、そこで缶ジュースを売るアルバイトをしている女の子にこれを渡してくださいと頼まれました。その人は昨晩、横尾に泊まったそうです』と言ってもらったのがこの本。前日に、高校のときに知り合った某男子校から一橋大に進学した友人が横尾山荘に宿泊していました。きっときつい山道を登りながら一グラムでも荷物を軽くしたいと思ったのにちがいありません。それでも、この本は青春を思い出す一冊です。その彼は、今、神父様。先日は、パパ様であるフランシスコ教皇の呼びかけに応えて、日本の真夜中に睡魔と膝の痛みに耐えながら新型コロナウイルス感染の終息と世界の団結を祈ってくださったそうです。ちなみにわたしの青春は悔いなしです」

あ、わたしだ。わたしのことです。

最後の方に書かれている祈りについては、二〇二〇年三月二十八日午前二時から一時間余り頑張って実行し、フェイスブックに得意気にアップしたわたしの投稿を読んでくれたのでしょう、間違いありません。

一方、前半部分は四十年以上も前のことなので、即座には思い出せませんでしたが、コロナ禍で外出もままならず時間だけはたっぷりありましたから、とみに錆《さ》びつきがひどくなった記憶の扉をなんとかこじ開け、検証してみることにしました。

高校時代、同級生の間では遠藤周作がはやっていました。といっても、皆が競い合って読んでいたのはぐうたらシリーズとか狐狸庵ものとかいったユーモアエッセイばかりでした。わたしも負けず劣らず、あらゆる出版社のあらゆるエッセイを片っ端から買い求め、学業の合間に、というよりは学業そっちのけで読みふけり、ゲラゲラ笑い転げては、つらい勉強の憂さを晴らしていました。

そんなわたしが遠藤周作のもう一つの顔を知ったのは、高三の夏休み明けのある日のことでした。それはまた、栄光学園というカトリック学校に入学して以来、六年間ずっと遠目に眺めていたキリストの顔を間近に見た日でもありました。

その日は実力テストの日で、一時間目は国語のテストでした。配られた問題用紙を合図とともに開くと、一問目は「次の文章を読んで問いに答えなさい」という定番のもので、あまり気が乗らないまま読み始めたのは、遠藤周作の『イエスの生涯』の一節でした。

漢字がカタカナになっていたり、ところどころ空欄になっていたりして、とても読みにくかったのですが、どうやらイエスが逮捕されたときの弟子たち、特にユダの心情が説明されているようだと読解していった、その最後の最後に驚くべきことが書かれていました。

「ユダもまたイエスによって救われたろうか」

なんという問題提起でしょう。答えが気になり、急いで続きを読みました。

「わたしはそう思う」

遠藤周作のこの言葉に、わたしは衝撃を受けました。曲がりなりにも中一からずっと聖書研究会に参加してきたので、イスカリオテのユダという男がイエスに選ばれた十二使徒の一人でありながら、敵対する祭司長たちに金をもらってイエスを引き渡し、十字架上の死にいたらしめた裏切り者であり、それゆえにキリスト教徒から忌み嫌われている存在であることくらいは知っていました。最初に地獄に落ちる人間だと理解していました。それなのに、そんな裏切り者ユダが救われただなんて……。

理由が知りたくてさらに読み進めると、こうありました。

「なぜなら、ユダはイエスと自分の相似関係を感ずることで、イエスを信じたからである。イエスは彼の苦しみを知っておられた。自分を裏切った者にも自分の死で愛を注がれた……」

心底驚きました。そして深く感動しました。地獄にいちばん乗りするような最悪の男ユダが救われたとすれば、こんなわたしでもユダと一緒に救ってもらえるのかもしれない。そんなふうに思うと、試験中だというのに不覚にも涙があふれてきました。

それまでのわたしは、キリスト教に心惹かれてはいたのだと思います。しかし、キリスト信者とは清く正しく美しく生きる人たちであり、一方、自らを振り返ると、こんな罪深いダメダメなわたしなど決して信者にはなれないと思い込み、それで旋毛《つむじ》も臍《へそ》もすっかり曲がってしまい、「別にいいさ、どうせおれは」と、斜に構えた態度をとるようになっていたのです。

ところが今、わたしのような罪深いダメダメな者にも、いや、わたしのような罪深いダメダメな者にこそ、キリストは寄り添い、愛を注ごうとしておられることを知って、そのありがたさ、かたじけなさにどうしようもなく泣けてきてしまったのでした。

涙は答案用紙の上に落ち、すぐにふやけて丸いしみになってしまい、いくら袖口で拭ってももう元には戻らず、焦っているうちに時間終了を告げる鐘が鳴り、結局ろくな解答も書けないまま、答案用紙は回収されていきました。

何日か後に答案返却がありました。

点数の悪さよりも、涙のしみがばれていないかどうかが気になっていたわたしは、順番がきておずおずと教卓に向かうと、黙ってうつむいたまま答案用紙を受け取りました。そして急いで自席に戻ろうとしたとき、先生に呼び止められました。

「おい、伊藤」

ああ、やっぱりばれてたか。もうおしまいだ。そう観念して振り向いたわたしに、先生はこう言いました。

「おまえなあ、試験中に居眠りしてんじゃないよ、よだれが垂れてるじゃないか」

この誤解を喜ぶべきなのか、悲しむべきなのか、よく分かりませんでしたが、いずれにせよ、この試験問題で出会ったイエスのことをもっと知りたいと思ったわたしは、『イエスの生涯』、『キリストの誕生』、『沈黙』、『死海のほとり』と、遠藤作品を読みあさりました。そして、そこに描かれた〝同伴者イエス〟にすっかり魅了され、受験が終わったら教会に行ってみようかなと思うようになりました。

ところが、根がダメなわたしですから、長い受験生活を終えてようやく大学生になったとたんに元のぐうたら人間に戻ってしまい、イエスのことなどすっかり忘れてしまったのでした。

学期末試験をなんとか乗り越えて夏休みに入ると、力のかぎり遊んでやろうと心に決め、まずは受験で封印していた山行を思い立ち、ちょうどその時期にMさんとその友だちのOさんが北アルプスの横尾山荘でアルバイトをしていると聞いて、それならばと槍ヶ岳登山を計画しました。単独行でしたので、旅のお供に薄くてお気楽な狐狸庵先生の文庫本を一冊、本棚から無造作に取り出してザックのポケットに入れました。それが『わが青春に悔いあり』でした。

真夜中に新宿駅を出発し、電車とバスを乗り継いで、正午過ぎに上高地に到着しました。そこから横尾までの道は、高校時代に涸沢《からさわ》経由で穂高連峰に登ったときに経験ずみでしたから、まったく不安なく歩くことができ、三時前には横尾山荘に着いてしまいました。

MさんとOさんは山荘の前でのんびりと冷水に浸したジュースを売っていましたが、わたしに気付くと、これからちょうど休憩時間だと言って持ち場を離れ、もてなしてくれました。梓川《あずさがわ》の河原に下りて腰かけ、それぞれの近況を報告し合ったりして、二人のおかげで楽しい時間を過ごすことができました。しかし、久し振りの再会で緊張しているうちにあっという間に時間がたち、四時になって二人はまた仕事に戻っていってしまいました。

一人取り残されたわたしはしかたなく、持参した『わが青春に悔いあり』を読んで暇をつぶしていましたが、何度も読んだ本ですし、上高地までの電車やバスの中でかなり読み進めていたこともあって、じきに読み終えてしまい、そうなるともう何もすることがなくなって、山荘の前をうろうろしたり、部屋に戻ってごろごろしたりしながら、ただひたすら時間を空費していました。

ようやく夕食の時間になり、二人が呼びに来てくれたので、喜んで食堂まで案内してもらいました。ところが、彼女たちはすぐに厨房《ちゅうぼう》に去っていってしまい、その後はまったく構ってもらえず、食事を終えたわたしは早々にふて寝するしかありませんでした。

翌日は槍ヶ岳を越えてずっと先の双六《すごろく》小屋まで行く予定でしたから、誰よりも早く起き、誰よりも早く出発しなければなりませんでした。そのため、朝から忙しい二人とはろくに挨拶もできず、なんとも消化不良のまま、一人でとぼとぼ槍ヶ岳目指して歩き出しました。

単独山行は、思索の旅になります。梓川本流沿いに進む登山道の勾配はまだ緩く、また歩き出したばかりで心身ともに余裕があったので、漱石の『草枕』よろしく、山路を登りながら、こう考えました。

まず、時間が早かったにもかかわらず横尾山荘に泊まることにして、余った時間をMさんたちに相手してもらおうとたくらんでいたことが愚かでした。二人はアルバイトの身であって、遊んでいるわけにはいかないことくらい想像できたはずです。全体の行程を考えるなら、もう一つ先の槍沢ロッヂまで進んでおくべきでした。

それから、持ってくる本を間違えました。もう何度も読んだことがあって、すぐに読み終わってしまうような軽いエッセイなどではなく、もっと読むのに時間がかかる本を持参すべきでした。

さらに、いつまでもぐうたらでダメダメな自分の性格を珍しく反省したりしました。こんな生き方をいつまで続けるつもりなのか、このままじゃいけない、これからはもっとしっかり生きよう、そんなふうに思い定めたころ、槍沢ロッヂに到着しました。

山小屋の前のベンチに腰かけて休んでいると、下山者がやってきて隣に座ったので、わたしは悔い改めたことを早速行動に移しました。ぐうたらエッセイ『わが青春に悔いあり』を横尾山荘の二人に渡してもらうよう、この男性に託したのです。

本の表紙を見てちょっと笑いながらも唐突な依頼を請け合ってくれた下山者に礼を言って別れ、再び歩き始めたわたしの荷物は、Mさんがフェイスブックに書いていたように、確かに少し軽くなったような気がしましたが、本の重量など微々たるもの、それよりも、ぐうたら人生との決別の第一歩を踏み出した高揚感が荷を軽くさせたのだろうと思います（正直に言えば、Mさんたちがサプライズプレゼントに驚き喜ぶ様子をかってに想像して心が弾み、足取りが軽くなったというのが最大の要因です）。

ところが、だんだんと傾斜がきつくなり、標高も上がって苦しくなってくると、決別したばかりだというのに、ぐうたらでダメな性格が再び頭をもたげてきて、こんなにしんどいのならこの辺で登頂は諦めて引き返し、残りの夏休みと人生をだらだらと気楽に過ごした方がいいかなあ、などと考え迷い始める始末で、何度もくじけそうになりながら、それでもなんとか登頂できたのは、横尾でジュースを売っている二人の前を逆方向に横切る勇気がなかっただけのことでした。

山小屋泊の夏山登山で荷物が少ないこともあって、標準のコースタイムを上回るハイペースでここまで来たとはいえ、槍ヶ岳山頂に立ったのは昼過ぎで、真夏の北アルプスですから当然のことながら雲もどんどん湧いてきていましたし、本来であれば先に進むことは避けた方がよかったのかもしれませんが、事前に計画していたこともあり、そのまま西鎌尾根に入りました。

ガレ場を過ぎて千丈乗越《せんじょうのっこし》に着くころには案の定、雲にすっぽりと覆われ、展望がまったくきかなくなりました。

それでも道を見失うほどではなく、また幸いなことに雷の気配もなく、その点では安心して歩いていたのですが、なにしろ周囲は灰色一色でとても晴れやかな気分にはなれず、相も変わらぬぐうたらな思いやダメダメな考えが、次から次へと頭に浮かんでくるのでした。

もちろんわたしのことですから、そこから考察が深まるなどということはまったくありませんでしたが、大したことを考えたわけでもないのに、身体だけでなく脳も無駄にカロリーを消費してしまったのか、四時近くに硫黄乗越の手前まで来たところで思いがけず突然シャリバテ（シャリ、つまり飯を食べずに運動し続けることで血糖値が下がり、突然力が入らなくなってバテてしまうこと）になり、へなへなとしゃがみ込んで動けなくなってしまいました。

うわさには聞いていましたが、本当にガス欠のような状態になってしまうのをのんきに面白がりながら、非常食のビスケットをザックから取り出すと、むさぼるように一袋全部平らげました。

ところが、そう簡単には消化吸収されないのか、なかなかエネルギー変換されず、ちっとも動けるようにならないので、さすがに少し不安になってきました。

頭も全然回らず、へたり込んだまま長い時間が経過しました。その間、登山の常識としてはかなり遅い時間だったからでしょう、前方からも後方からも誰一人やってきませんでした。

このままでは行き倒れになってしまうと、いよいよ恐怖さえ感じ始めたころ、霧に覆われたハイマツの向こうから、カサカサとかすかな音が聞こえてきました。

目を凝らすと、そこに現れたのは親子連れのライチョウでした。

逃げてしまわないよう息を殺して見ているうちに、地面に座り込んで投げ出しているわたしの足のすぐそばまで臆することなくやってきたライチョウの親子は、こちらを意識しているのかいないのか、絶妙な距離感でしばらくそこにたたずんでいましたが、やがて登山道の端をわたしが目指すのと同じ方向へゆっくりと歩いていき、霧で判然としなくなる辺りで再びハイマツの中に入って、視界から消えていきました。

シャリバテで動けなかったわたしは、近寄ることも手を伸ばすこともせずに、黙ってその姿を目で追うだけでしたが、不思議なことに、それまでの緊張がすっと解けて心細さが消え、安堵《あんど》感がみなぎってきました。

実はそのとき、わたしはキリストのことを心に思い浮かべていました。わたしにそっと近づき、そばでじっと見守り、ともに歩もうと促しているかのように見えたライチョウに、同伴者イエスの姿が重なったのです。そして、自分は決して独りぼっちではないと確信し、安らぎさえ感じていたのです。

ビスケットのおかげなのか、ライチョウのおかげなのか、キリストのおかげなのかよく分かりませんが、とにかくそれからどんどん力が湧いてきて、立ち上がり歩けるようになって、六時前には何とか無事に双六小屋までたどり着くことができました。

この山行でキリストの現存を具体的にイメージできたわたしは、東京に戻ると教会に通い始め、その年の降誕祭前の主日に立川教会で受洗しました。

洗礼の秘跡を受けて信者になったこと、その後、叙階の秘跡を受けて司祭になったこと、さらに、教皇の呼びかけに応えて膝の痛みと睡魔に襲われながら祈ったこと、もちろんどれも後悔していません。ただ、遠藤周作が描いたような同伴者としてのイエスの存在を、ライチョウとの出会いで疑似体験した意義深い槍ヶ岳登山であったのに、なんでぐうたらエッセイを持っていったのか、またどうしてそれをMさんたちにプレゼントしてしまったのか、どうせなら同じ遠藤周作でも『イエスの生涯』とか『沈黙』とか、そういう格好がつく本になぜしなかったのか、そこのところは、わが青春に悔いありです。

御《み》岳《たけ》山《さん》

招きの声

古来山岳信仰で栄えた東京都青梅市の山で、武州御岳《ぶしゅうみたけ》とも呼ばれる。標高九二九メートル。秩父多摩甲斐国立公園に属する。山頂にある武蔵御嶽神社の参道には、御師《おし》の営む宿坊が連なる御師集落が鳥居前町を形成している。麓の滝本駅から山上の御岳山駅までケーブルカーで上ることができる。

これまでの人生で最も多く山頂を踏んだ山といえば、間違いなく御岳山でしょう。奥多摩にあるこの山には、大学時代に数回、社会人になってからも二、三回登り、しばらくのブランクの後、神学生になってまた三、四回、司祭に叙階されてからも何回か登りました。全部で十四、五回は登っていると思いますが、それらはすべて教会行事やその下見でのことでした。

最初の御岳体験は、多摩ブロックの中学生練成会でした。

大学一年の冬、降誕祭の直前に立川教会で洗礼を受けたわたしは、人見知りだったにもかかわらず、やさしくて気のいい青年たちのおかげで、あっという間に教会になじんでいきました。

復活祭を過ぎたころ、夏休みに行われる練成会のリーダーを一緒にやろうと青年たちに誘われ、練成会とはいったい何なのかも分かっていませんでしたが、とにかく彼らとともに活動できることがうれしくて、二つ返事で引き受けました。

まず、中学生と高校生のどちらを担当するか決めろということで、わたしは中学生を担当することにしました。

次に、リーダー会議があるから出席しろと言われて、ある休日の午後に教会に行ってみると、神父や青年が三十人近くホールに集まっていました。知らない顔ばかりでどうしたらいいのか分からず戸惑っていると、「あっちゃん、こっちこっち」と手招きしている見知った立川教会の青年の笑顔を見つけ、ほっとしてその隣に座りました。

その日、練成会が信仰と親交を深めるためのキャンプのようなもので、多摩ブロックという東京教区西部の十教会の連合体が合同で実施するのだということを初めて知りました。

立川教会の青年にかぎらず、どこの教会の青年もとてもフレンドリーで、新参者のわたしをすぐに受け入れてくれたので、最初から多摩ブロックの一員として活動することができました。リーダー会議と称して夏休みまでの間に皆で何度も集まり、わいわいがやがやと企画を立案していく作業はなかなかに楽しく、やりがいのあるものでした。

夏休みになり、中学生練成会もいよいよ明日から本番というタイミングで、大型の台風が関東地方を直撃しました。

夜半まですさまじい暴風雨だったのですが、翌朝起きてみると雲一つない快晴で、神父も青年リーダーも中学生も全員無事に立川教会に集合することができました。

これだけいい天気なら当然実施されるものと信じ切っている中学生もリーダーも、皆とびきりの笑顔でした。ただ、神父たちの表情は違いました。

不審に思って身構えていると、「決行すべきかどうかこれから検討するから、その間、中学生たちを楽しませておいてくれ」と、神父からリーダーに命令が出ました。

御岳山に登ってからやるつもりでそれぞれが用意してきたレクリエーションを、教会の庭で披露し合って間を持たせることになりました。わたしも「サバ、サンマ」という他愛ない遊びを紹介して中学生たちにやってもらったのですが、練成会初日で興奮状態の彼らは驚くほどはしゃいでくれて、練成会リーダーというものの充実感を早くも出発前に味わうことができました。

しばらくすると神父たちが庭に出てきました。表情は硬いままです。胸騒ぎを覚えながら全員集合すると案の定、「現時点での出発は見合わせます。今日は帰宅してください。今後どうするかは、後で連絡網を回します」との宣言が出され、その日はひとまず解散となりました。

台風一過の炎天下、中学生たちが肩を落として帰っていく後ろ姿を見送った後、残った神父とリーダーたちで会議が続けられ、延期か中止かの検討がなされました。天気予報を見るかぎり、台風は去り、好天が続くことは確実のようでした。ただ、今のように情報収集手段がない時代で、現地の被害状況など細かいことが分からず、なかなか判断がつかないまま時間だけが過ぎていきました。

さっきまでの中学生たちの楽しげな様子が忘れられず、なんとか実施してあげたいと思ったわたしは、おずおずと提案してみました。

「あの、ぼく、これから現地を見てきましょうか。バイクならなんとか行けるでしょうから」

「それはありがたい。悪いけどそうしてくれるか」

どこの馬の骨とも分からない新参者の申し出なのに、快く受け入れてもらえたうれしさで使命感に燃えたわたしは、そのころ乗り回していた四百ccの中型バイクにまたがり、皆に見送られながら一人で颯爽《さっそう》と出発したのでした。

多摩川に並行する広い道路を青梅まで快調に飛ばし、そこから先は谷あいの道をくねくねと行くようになり、木の枝が落ちていたりして多少荒れている感じはあったものの、通行止めの箇所もなく無事に青梅線の御嶽駅に到着、そこから傾斜のきつい道をバイクでチェックしながらケーブルカーの滝本駅まで上り、券売所でバスもケーブルカーも通常運行していることや、御岳山では特に大きな被害はなかったことを確認して下山し、日暮れには立川教会に戻ってくることができました。

しかし既にリーダー会議は解散していて、迎えに出てきてくれる仲間は誰もいませんでした。そこで今度は、この練成会の総責任者である寺西英夫神父に報告すべく、再びバイクにまたがり、聖蹟桜ヶ丘まで夜道をもう一走りして、当時マンション一階の隣り合った二部屋を借りて聖堂と司祭館にしていた多摩教会に、午後七時過ぎに到着しました。

わたしの冗漫な調査報告を黙って聞いていた寺西神父は、話が終わると、「じゃあ、やるか」と言っておもむろに立ち上がり、各教会に電話をかけて明日の決行を指示し、すべて連絡し終えたところで、「ほい、おつかれさま」と言いながら、ねぎらいの一杯を勧めてくれました。わたしが「バイクだから」と断ると、「泊まっていけばいい」とやさしいお言葉。

しかし、伝えるべきことは全部伝えてしまったので、それからはどんな話題をどのように話したらいいのかよく分からず、わたしの緊張はかえって増幅していきました。一方の寺西神父は、多摩ブロックに突然現れ、いきなり偵察を買って出た新入りの若造の素性に多少興味をもったらしく、たびたび沈黙を挟みながらゆっくりとした口調で身元調査が行われ、一通り確認がすんだところで唐突に問われました。

「んー、んで、あなたはシンガッコーには行かないのか?」

あまりに突然で何のことだか分からずにいると、「神父にならないかということだよ」と説明が加えられ、それでやっと理解はできたものの、なにしろ一度も考えたことがない話だったので、わたしはただ「ああ、いやあ、ちょっと……」などと曖昧な返答をするのが精いっぱいでした。

このときのこの話題はこれだけで終わりましたが、緊張がマックスになってしまったわたしは、荷物を詰め直すからとかなんとか言って、そのまま泊まらずに多摩教会を辞去しました。泊めてもらったところで眠れないに決まっていると思ったからです。

翌朝、誰一人欠けることなく立川教会に再集合した練成会参加者は、青梅線に乗って御嶽駅で下車、今度はバスに乗ってケーブルカーの滝本駅まで行き、そこから本隊はケーブルカーには乗らずに歩いて御岳山頂まで登り、山上集落でいちばん大きな御岳山荘という宿坊に宿泊して、翌日からは長尾平で野外ミサをしたり、天狗岩、ロックガーデン、綾広《あやひろ》の滝を経て大岳山まで足を延ばしたり、山荘の前庭でキャンプファイヤーをやったり、寺西神父に連れられてリーダーだけこっそり駒鳥売店にビールを飲みに行ったりして、一日短くはなってしまったものの、充実した練成会を体験することができました。そしてそれからというもの、わたしは教会の青年会活動にどっぷりとはまっていったのでした。

その間、それが寺西神父だったのか、当時よく遊びに行って『北の国から』のビデオを見せてもらった豊田教会の古川正弘神父だったのか、はっきりとは覚えていないのですが、司祭召命についてあと二、三回、声をかけてもらいました。しかし、教会になじむにつれてすっかり調子づいてしまっていたわたしは、そのたびごとに「いやいやいや」とか「むりむりむり」とか軽薄な断り方をしていたので、そのうちにそうした誘いも受けなくなっていきました。

ところが不思議なもので、そのような失礼な拒絶の言葉とは裏腹に、司祭職への思いはわたしの心のどこかに無意識のうちに刻印されていたらしく、忘れるどころか、ときどき顕在化するたびに比重が増していき、いつの間にかそれをわが召命と考えるようになり、そしてとうとう本当に神学校に入ってしまったのでした。マンション教会での最初の勧誘から二十年がたっていました。

わたしの助祭叙階式は高幡教会で行われました。幸田和生司教の司式で、寺西神父にも列席してもらいました。

閉祭後に来賓の紹介をゆだねられ、寺西神父から神学校に勧誘されたエピソードを披露しました。高幡教会は多摩教会と隣同士で多摩ブロックにも属していたので、皆さん「ほお」とか「そうだったのか」とか「すごいね」とか言って喜び、拍手さえしてくれました。「寺西神父様のお声がけのおかげで、今日、伊藤助祭が誕生したのですね。ではその寺西神父様からひと言お願いします」

マイクをわたしから受け取った司会者はそう言って、満面の笑みで今度は寺西神父に渡しました。寺西神父はマイクを握ると言いました。

「わたしはそんなこと言った覚えはない」

焦った司会者が、「でも、伊藤助祭は覚えているんですから」とフォローすると、寺西神父の発言が変わりました。

「独身の男には全員、声をかけていたんだ」

あの華々しかった多摩ブロック練成会デビュー戦以降、わたしの化けの皮はどんどん剝れていきましたから、責任を回避したくなる気持ちは理解できますが、でも確かにわたしはこの耳で聞いたのです。それをよりにもよって助祭叙階式で否定され、苦笑いするしかない新助祭のわたしでした。


助祭叙階の半年後、晴佐久昌英神父を中心に、「藤岡和滋師・寺西英夫師の金祝を寿《ことほ》ぐ多摩ブロック元リーダー・中高生の練成会」と銘打って、寺西神父と、当時立川教会の主任司祭だった藤岡神父の金祝ミサを企画しました。場所は思い出の御岳山荘です。多摩ブロックで二人にお世話になった元青年や元中高生に幅広く声をかけたら、総勢百人近くが御岳山に集まりました。二、三十年ぶりに再会した顔にはどれも年輪が深く刻まれていましたが、それでも昔の面影をお互いに見つけ出しては、そこここでわーわー、きゃあー

きゃあーと、声だけは若々しく旧交を温め合っていました。それぞれの神父の周りにも大勢集まり、夜遅くまで昔話で盛り上がって、二人ともとてもうれしそうに見えました。

翌日、昼前に解散した後、寺西神父は幹事役だったわたしたちをねぎらって、御岳山の麓にある地酒の酒蔵に連れていってくれました。

多摩川の清流を前に、おいしい日本酒を飲みながら、寺西神父は隣に座ったわたしの耳元で、おそらく今回のお礼代わりなのでしょう、他の連中には決して聞こえないくらいの小さな声でつぶやいてくれました。

「よく覚えてないけど、まあ、神学校を勧めたのかもしれないな」

入笠山《にゅうかさやま》

野外ミサに聖霊の風が吹く

長野県の伊那市と諏訪郡富士見町の境にある南アルプス北端、前衛の山。標高一九五五メートル。山頂からは南アルプス北部の山々、中央アルプス、八ヶ岳、奥秩父連山、さらには遠く富士山や北アルプスまでが一望できる。中腹には入笠湿原や大阿原湿原がある。今では標高一七八〇メートル地点までゴンドラで登ることができる。

かつて長野県茅野《ちの》市の御狩野《みかりの》というところに、教育修道会として有名なラ・サール会の山の家がありました。

四十年ほど前、わたしが通っていた立川教会や、多摩ブロックの他の教会の青年会、中高生会、教会学校は、毎年春休みや夏休みになると、この〝ラ・サール山の家〟でそれぞれに、あるいは合同で、練成会、研修会、ワークキャンプ、夏季学校、単なるお楽しみ会を行うのが恒例となっていました。〝山の家〟を管理していたラ・サール会のカナダ人修道士フィリップ先生が、普段は多摩にある日野修道院に住んでいたのがご縁で、このような恩恵にあずかることができたのです（今はもうフィリップ先生も帰天し、〝山の家〟も人手に渡ってしまい、寂しいかぎりです）。

それがどの練成会だったか、研修会だったか、単なるお楽しみ会だったか、なにしろ参加した回数が多すぎて明確ではないのですが、とにかくわたしが大学四年生だった夏休みにも、神父や青年リーダーたちと一緒に、中高生を引き連れてこの〝山の家〟に出かけました。このときのメインイベントは、入笠山登山と山頂での野外ミサでした。

青年リーダーのうちの何人かは、神父の運転するライトエースに乗り込み、全線が開通したばかりの中央自動車道をすっ飛ばして山の家に先回りし、残りの青年たちは中高生を引率して、立川から中央本線の鈍行を乗り継ぎ、三時間以上かけて小淵沢の三つ先（当時はまだ「すずらんの里」という名前の駅はありませんでした）の青柳にたどり着きました。

電車を降りて駅前広場で一度隊列を整えた後、小淵沢方向に少し戻って線路をまたぎ、そこから森の中の細い道を一直線にぐんぐんと上っていくと、しばらくして左に見えてくるちょっと瀟洒《しょうしゃ》な山小屋ふうの建物、それが〝ラ・サール山の家〟でした。

今、上ってきたこの山道で肝試しをしたり、短く刈り込まれた青草の庭でキャンプファイヤーやバーベキューをしたりするのが定番で、このときも例に漏れず、初日の夕食後のプログラムは肝試しでした。

恐怖のあまり本気で大泣きしたり、パニックになってお化け役のリーダーに殴りかかったりした中高生たちも、全員終わったと知らずに体中を蚊に刺されながらお化けの格好でいつまでも藪《やぶ》に潜んでいたリーダーたちも、ともに興奮冷めやらぬまま就寝前のフリータイムになり、広間やテラスで神父も青年も中高生も垣根なく、いくつかのグループに適当に分かれて、それぞれおしゃべりに花を咲かせていました。わたしのグループは広間の真ん中に陣取り、「ピザって十回言ってみて」などとくだらないクイズを互いに出し合ってゲラゲラ笑い転げていましたが、まじめな話題で議論が白熱し、口角泡を飛ばし合っているグループもあり、同じような年齢層でも随分と差があるのでした。

それぞれに盛り上がった一時間ほどのフリータイムはあっという間に終了時刻を迎え、「明日は早起きして入笠山でミサなんだから、ちゃんと早く寝るように」と神父が告げると、中高生はなごりを惜しみつつも立ち上がり、それぞれの寝室に戻っていきました。青年たちもリーダー会議を終えると部屋を出ていきましたが、わたしだけはその場に残って一人、宴の余韻に浸っていました。

少しして、高二の女子が一人、眠れないと言いながら二階から降りてきました。キッチンに入ると水道の水をコップに注ぎ、一気に飲み干した後、そのまま手に持ったコップを黙って見つめています。その表情がなんだか冴《さ》えないように思えて、わたしはそれとなく話を振ってみました。

最初のうちは言いよどんでいた彼女でしたが、やがてある女子リーダーのあれこれに対する不満をぽつりぽつりと訴え始めました。そしてそれから少しずつ、だんだんとヒートアップしていき、最後は涙ながらに心情を吐露するようになりました。

物分かりのいい兄貴分の体裁で時折大きくうなずきながら、わたしは彼女の話をかなりの時間をかけて聞いてあげていました。訴えには首肯できる事柄もありましたが、批判されているその先輩リーダーの言動にも同情の余地はあるように思えて、なかなか気の利いた助言もできず、何の解決も見いだせないまま、気付けば時計の針は午前零時を回っていました。

彼女の申し立てが止まり、わたしはさも熟考しているかのように眉間にしわを寄せつつ、実は頭には何も思い浮かばないまま、気まずい沈黙がしばらく続きました。

このままではいけない、とにかく何かしゃべらなければ、と思って口を開こうとしたわたしより一瞬早く、彼女は「もういいです、そろそろ寝ます」と一方的に終結を宣言し、コップを無造作に洗って片付けると、小さな足音を立てながら階段を上って自分の部屋に帰っていってしまいました。

一人取り残されたわたしは、蛇口からぽたりぽたりと水滴が落ちるのを、しばらくの間ぼんやりと眺めていました。

翌朝、熟睡できなかったせいか、早い起床時刻でも、むしろすぐに目は覚めました。食欲はあまりありませんでしたが、この後に山登りが控えているので、とりあえず食パンにジャムを塗り、牛乳で流し込んで、なんとかエネルギーをチャージしました。偶然なのか意識してなのか、例の女子高校生は、わたしからも女子リーダーからも離れた席に無表情で座っていました。皿にはわずかな量の食べ物しか取ってきておらず、それさえほとんど手をつけていないようでした。

諸準備を整えると、朝露の降りた青草の庭にのそのそと全員集合しました。昨夜のフリータイムのはじけた様子とは打って変わって、わたしだけでなく皆が寡黙で無表情です。準備体操をだらだらとこなした後、一人元気な神父を先頭に、登山隊は入笠山に向かって静かに出発しました。

昨日の晩、真っ暗な中で肝試しをした道は、早朝だというのに夏の日差しに照らされて、早くも草いきれが立ち上がってきていました。

中央本線までまっすぐに下り、線路に沿って青柳駅まで行き、そこからさらに進んで国道二十号線を渡り、入笠湖への道を左に分けた辺りまではまだよかったのですが、道幅が少しずつ狭くなりだんだんと傾斜がきつくなってくると、昨夜の睡眠不足が響き始め、息は上がるし、胃の内容物は逆流してくるし、なにより頭がぼーっとして働かず、岩の角や木の根っこにつまずいて何度も転びそうになりました。

ふと思い出して、つまずいた足元の石を振り返ってにらみつけたついでに、くだんの女子高校生の様子をうかがうと、周囲の仲間と一緒に楽しそうに歩いているようにも見えましたが、眠気からなのか、解消されなかった不満のゆえなのか、その表情はそれほど晴れやかには見えませんでした。

二時間近く登ったところで林道に出てほっと一息、そのまま歩きやすい林道をマナスル山荘まで行ってトイレ休憩の時間を取り、そこからいよいよ最後の急登《きゅうとう》を三十分ほど頑張って、やっとのことで入笠山の頂上にたどり着きました。

山頂は広くてなだらかでどの方角の眺めもすばらしく、それゆえに中高生や無責任なリーダーがあちこちかってに散ってしまうのを引き止めるため、間を置かずにそのまま車座になってそれぞれ地面にシートを敷かせ、気の利くリーダーが二、三人、神父と一緒に手際よく準備を整えると、早速ミサが始まりました。

夏の爽やかな青空とそよ風のもと、ミサは開放感にあふれていました。神父の声は風に流されてしまって、こちらの耳まではっきりとは届いてきませんでしたが、このすばらしい自然の中で、仲間が集まりともにミサにあずかっているというその事実だけで、満ち足りるには十分なものがありました。

ご聖体を拝領し、閉祭で立ち上がると、典礼聖歌集の「ごらんよ 空の鳥」を皆で歌いました。

「ごらんよ　空の鳥　野の白百合を
蒔きもせず　紡ぎもせずに　安らかに生きる
こんなに小さな命にでさえ　心をかける父がいる
友よ　友よ　今日も　たたえて歌おう

すべてのものに　しみとおる
天の父のいつくしみを

ごらんよ　空の雲　輝く虹を
地に恵みの雨を降らせ　鮮やかに映える
どんなに苦しい悩みの日にも　希望を注ぐ父がいる
友よ　友よ　今日も　たたえて歌おう
すべてのものに　しみとおる
天の父のいつくしみを」

他の登山客がいないのをいいことに、誰もがあらんかぎりの大声で歌っていました。

そして、ミサが終わりました。

誰からともなく歓声が上がり始めました。夏空に向かって拳を突き上げ、あるいは両手を広げ、「おおー」とか「わあー」とか「きゃあー」とか、取りようによっては、それは聖霊に促された異言のように聞こえなくもありませんでした。

例の女子高校生はと目で探すと、彼女もまた伸びをするように天空に両手を突き上げていました。それから、その両手を少しずつ少しずつ前方に下ろしながら、不満の対象だったリーダーの方にゆっくりと近寄っていきました。それに気付いたリーダーもまた、ゆっくりと両手を広げて迎え入れ、そして二人はがっちりと力強くハグをしたのでした。高校生も、高校生の感情に気付いていたにちがいないリーダーも、それぞれの肩越しに見える笑顔には屈託がありませんでした。

二人の笑顔は、何の力にもなれなかったわたしの顔をもほころばせてくれました。その表情に安心したということもあるでしょうが、それだけではなく、感謝の祭儀からあふれ出す愛の力と、神が造った空と山と緑の包容力によって、人の心にあるわだかまりが瞬時に融解し、聖徒の交わりが容易に現出するのを目の当たりにして、信仰の共同体の意味とその力を改めて実感し、なんだかとてもうれしくなってしまったのです。

女同士とはいえ、そばで見ていても照れてしまうような力いっぱいのハグが終わるまで、わたしは少し離れたところで八ヶ岳など遠望するふりをしながら、視界の端で二人のシルエットをまぶしく眺め続けていたのでした。

鬼怒沼山《きぬぬまやま》

露天風呂と洗礼

栃木県日光市と群馬県利根郡片品村の県境に位置する山。標高二一四一メートル。山頂近くにある鬼怒沼は大小約五十の池塘《ちとう》からなる日本最高所の高層湿原の一つで、ミズバショウやイワカガミ、チングルマ、ヒメシャクナゲなど高山植物の宝庫。山麓には奥鬼怒温泉郷と総称される八丁の湯、加仁湯《かにゆ》、日光澤温泉、手白澤温泉の四湯が点在している。

わたしが籍を置いていた一橋大学は、少人数のゼミナール制度が売りで、三年生になるといずれかのゼミナールを必ず履修しなければならないことになっていました。入学した年に洗礼を受けて以来、大学よりも教会にばかり入り浸っていたわたしも、三年次の履修届の提出期限を目前にして、ゼミ（ゼミナールの略）の選択を迫られ、最終的には消去法でキリスト教に関係のありそうな西洋中世史のゼミを選びました。

担当教授は阿部謹也先生で、三年前に着任したばかりとはいえ、著書『中世の窓から』が大佛次郎賞を受賞するなどして、一般的にもその名が広く知られるようになっていたにもかかわらず、同期のゼミテン（ゼミナールのメンバーを意味するドイツ語「ゼミナリステン」の略で一橋大学の方言らしい）はわたしも含めてたったの五人しかいませんでした。

ちなみに、一つ上の学年にはゼミテンが一人もいませんでしたが、一方で所属のはっきりしない大学院生や五、六年生の大先輩、それに謎の学外聴講生が何人もゼミに参加していました。その後、学部長から学長、そして国立大学協会の会長まで歴任した阿部先生ですが、「キャプテンズ・オブ・インダストリー」などという教育理念の大学の学生にとっては、特に当初はあまり魅力的ではなく一般受けしなかったようで、それでも阿部先生のゼミを選ぶような学生は皆、わたしを除いて好学の士ばかりでした。

阿部ゼミ（阿部謹也先生のゼミナールの略）にお情けで入れてはもらったものの、そんな学究肌の学生たちの中で、生来勉強嫌いのわたしは完全な異分子、異端児、落ちこぼれでしたから、ドイツ語やフランス語での原書講読が延々と続くゼミの時間をなんとか短縮し回数を減らそうと、それればかりに知恵を絞っていました。

夏休みに同期の五人で先生のお宅を訪問した際、通された書斎にピッケルが飾ってあるのを見つけました。先生が山好きであることを知ったわたしは、タイミングを見計らって、「ゼミ旅行で山と温泉のあるところに行きませんか」とおそるおそる提案してみました。既に夏休み中にゼミ合宿をすませていたので、どのような反応が返ってくるか心配だったのですが、「いいですねえ、どこに行きましょうか」と、うまい具合に興味を示してもらえたので、早速幹事を引き受けて具体化に乗り出しました。

こういうことになると、がぜんやる気が出てくるわたしは、先生の年齢やゼミテンの登山経験の有無、季節的なことなどを勘案し、高校時代に一度行ったことのある奥鬼怒温泉郷に照準を合わせました。

歩いてしか行けない山奥の秘湯に泊まり、日中はそこを拠点にして山に登る、そんなプランに先生もゼミテンも賛同してくれて、秋も深まった十一月のある平日の早朝、ゼミだけでなく授業も休講にした先生と、他の授業を泣く泣く欠席してきた三人の同級生と、普段からあまり大学に行っておらず授業を欠席することに躊躇《ちゅうちょ》のないわたしと、そもそも出席すべき授業がない五、六年生の先輩二人の総勢七人で、東武浅草駅に集合して鬼怒川温泉行きの特急「きぬ」に乗り込みました。

行楽地に向かう特急列車であるにもかかわらず、平日のせいかわれわれの車両には他に乗客はいませんでした。それをいいことに、小学生の修学旅行かというくらいはしゃぎ騒いでいるうち、二時間ほどの乗車時間はあっという間に経過して、予定どおり無事に鬼怒川温泉駅に到着しました。

駅前の土産物屋兼食堂のようなところで蕎麦《そば》など食べて腹ごしらえをしてから、バスに乗って山道をくねくねと一時間半ほどで終点の川俣《かわまた》温泉に着き、そこから車道を歩くこと小一時間、ようやく女夫渕《めおとぶち》温泉まで来ると、今度は鬼怒川沿いの遊歩道をさらに二時間近く歩かされ、やっとのことで奥鬼怒温泉郷の一つ、八丁の湯に到着しましたが、われわれはさらに十分ほど歩いてもう一つ先の加仁湯まで行き、そこで投宿することにしました。まだ加仁湯が鉄筋四階建てのビルになる前、木造の鄙《ひな》びた宿だった時代です。

平日で、しかも紅葉の時期は終わっていたこともあって、宿は貸し切り状態でした。シカだかイノシシだかクマだかの肉が入った鍋を皆でおっかなびっくりつっつきながら、食べて飲んで騒いでおなかいっぱい、部屋に戻った後もさらに飲み続け、もくろみどおり勉強なしの楽しいゼミ旅行になりました。

翌日、眠い目をこすりながら朝食をとり、宿に頼んでおいた昼食用のおにぎりを各自受け取ると、全員で鬼怒沼山を目指して出発しました。

加仁湯からさらにもう一つ奥の日光澤《にっこうざわ》温泉までは、林道をだらだらと歩いて十五分ほどで到着。ここで靴ひもを結び直し、水筒を満タンにしていよいよ山道に入りました。道案内も兼ねてわたしが先頭を歩きペースを作る役回りだったので、少し歩いたところで後続の調子を確かめるために振り返ってみると、なんとなく違和感を覚えました。隊列が短い気がします。

立ち止まって人数を数えてみました。

「一人、二人、三人、四人、自分も入れて五人。あれ？　七人いるはずだよな。人数が減ってないか？」

今度は指差喚呼《しさかんこ》で、ゆっくり一人ひとり名前を確認しながら数え直してみました。

「先生、モトカワ、アスナ、ユキちゃん……。あれ？　あとは？　誰だっけ？」

飲み過ぎと睡眠不足で回らない頭をひねっていたら、一瞬早く阿部先生が冷静な声で摘示しました。

「コウノイケとイソガミがいませんよ」

言われてみればそのとおり、いつもは元気でにぎやかな二人の先輩が遅れていて、まだ追いついてきていません。昨夜は絶好調だったのにいったいどうしたんだろう、靴ひもでも解けたのかな、トイレにでも行ったのかな、などと心配しながらしばらく待ったのですが、二人は一向に姿を現しません。

五分もたったでしょうか、それでも現れないので「おーい」と声をかけてみました。しかし返事はありません。その辺に隠れていたりしないかと、来た道をモトカワと二人で探しに戻ったのですが、しばらく行っても先輩たちの姿は見当たりません。もう少し先まで行ってみようとしたところに、背後から裁定を下す先生の声がしました。

「脱走したんですよ。宿に逃げ帰って昼寝でもするつもりでしょう。放っておきましょう」

確かに、何かの理由で遅れているのであれば、普通なら「待ってくれー」などと声をかけてくるでしょう。大したことでなければ、さすがにもう追いついてきているはずです。先生が推理したように、先輩二人は逃亡したにちがいないと、われわれ後輩たちも全会一致で評決を下しました。山道を登り始めてからほんの数分しかたっていないので、すぐそこに日光澤温泉の屋根が見えています。二人いるんだし、放置していっても問題はないと判断し、先に進むことにしました。

「それにしても、ひと言断ってくれればいいのに」などと文句を言いながら鬼怒川本流に沿ってしばらく歩き、丸沼分岐で橋を渡って直進する湯沢峠方面への道を分けると、そこからいよいよ本格的な登高が始まりました。結構な急登だというのに、にぎやかな女子二人はずっとしゃべり続けています。男子二人はといえば、前日のお酒もまだ少し残っていてただでさえ苦しく気持ち悪いのに、女子二人がしょっちゅう話しかけてくるので、返事をするには休み休み登らないと息が続きません。

オロオソロシノ滝を対岸に望む展望台まで来たところで大休止を宣言し、背中からザックを下ろしてベンチに腰かけ、かなりの時間ぜーぜー、ひーひー言っているわたしの横で、女子二人組は相変わらず元気にああだこうだとおしゃべりを続け、わたしにもたびたび絡んできます。登山の疲労に加えておしゃべりの相手もせねばならず、なかなか腰を上げられないでいると、他愛もない会話に付き合う気などさらさらない先生は、「さあ、もう行きましょう」と出発を促すや否や、そのまま一人で山道を登っていってしまいました。

われわれも慌てて荷物を背負うと、先生の後を急いで追いかけました。

しばらくは先生の背中（というかお尻）を見ながら登っていましたが、急登が終わって傾斜が緩くなると、女子二人を中心としたわれわれ学生のおしゃべりはパワーを増し、それに反比例して歩くスピードは落ち、とうとう先生の姿が見えなくなるほど間隔があいてしまい、それでもまったく気にせずにだらだらと歩き続けていたものの、さすがにもうそろそろ追いつかないとまずいかなと心配し始めたとき、道の先のはるか遠くに、先生がこちらに背を向けたまま立ち止まっているのが見えました。急いでいるふりをしながら実はそれまでとほとんど変わらないペースでたらたらと歩いてようやく追いつき、先生がずっと眺め続けているその視線の先に目をやると、そこには思いのほか広い鬼怒沼湿原が寒々しくひっそりと横たわっていました。

雲が低く垂れ込め霧となって辺りを灰色に包み込み、湿原全体に生え広がる茶色い枯れ草に霜が降りたまま凍りつき、あちこちに点在する大小の池塘《ちとう》が凍った上には雪が白くうっすらと降り積もり、空間全体が森閑と静まり返っているモノトーンな光景は、この世のものとは思えないほど幻想的且つ寂寥《せきりょう》感漂うもので、あれだけうるさかった学生四人も先生の後ろに並んで立ち止まり、魂を奪われたかのようにいつまでも動かず黙ってその景色に見入っていました。

秋の終わりの曇天の下で標高二千メートルを超える高層湿原の縁にたたずんでいると、登りでかいた汗がどんどん冷えてきました。

寒さでようやく現実に引き戻され、このままではまずいと、湿原の上に敷かれた木道を先へ先へと進み、鬼怒沼のどんづまりにある東電の巡視小屋まで行って中に入りました。戸を閉めると小屋の中は風もなく音もない密閉空間になり、とりあえず寒さから解放されて緊張もほぐれたところで、土間にザックを下ろし、壁際にしつらえられたベンチに各々腰かけ、宿で作ってもらった弁当のおにぎりを食べることにしました。

竹皮に包まれた大きなおにぎりを取り出して口に運んでみましたが、残念ながら凍りかけていてなんとも口当たりが悪く、添えてあるたくあんと一緒に咽喉に押し込んで飲み込むような味気ない昼食でした。

それでも、おなかを満たしたことで身体も少しは温まってきたので、じめじめと暗い小屋の中にいるよりは曇天でも外の方がまだましだということになり、小屋を出て、木道をいくらか戻ったところにあるベンチまで移動し、そこで温かい紅茶でも飲もうと、わが愛用のオプティマスのガソリンストーブをおもむろにザックから取り出し、ベンチの上にセットして、水を注いだコッヘルを乗せ、お湯を沸かし始めました。

ガソリンストーブの燃焼音には、山中での心細さや寂しさを払拭してくれる力強さがあります。山好きの先生もこの音に心惹かれるものがあったのかもしれません。暇と元気が有り余っている女子二人、それに二日酔いで少しテンションの低いモトカワの三人が、お湯が沸くまでと言い残して鬼怒沼山方面に探検に出かけていったのには同行せず、先生はわたしと一緒にベンチにとどまり、霧に包まれた静寂の中でひとりゴーゴーと派手な音を立てているオプティマスの青い炎を、二人並んでじっと眺め続けるという不測の事態が生じました。

先生とたった二人っきりで取り残されたこの状況に、どう立ち振る舞えばいいのか分からず、パニックになったわたしは、置き去りにしていった連中を恨みながら、間を持たせるためによりにもよって、当時大学よりも熱心に通っていた教会の楽しさなどを、焦りながらあれこれと説明したりしてしまったのでした。

黙って聞いていた先生は、話が途切れると、「わたしも中学生のときにカトリックの洗礼を受けましたよ」と、思いもよらないことを口にしました。

あまりにも唐突で意外な発言にどう返事をしたらいいのか分からず黙っていると、先生の方もその場の空気を変えるように、「でもすぐにやめてしまいましたけどね」と続けました。

せっかく洗礼を受けたのに、すぐに信者をやめるなんて、受洗して間もないわたしとしては、それが具体的にどういうことなのかとても気になりましたが、かといってすぐさま理由を尋ねるような勇気があるわけでもなく、ゴーゴーとうなり続けるストーブの燃焼音に耳を傾けているふりをして、ようやく五人分のお湯が沸き、蓋をカタカタと押し上げ始めたコッヘルを黙って見つめていました。

「戻ってきましたよ」という先生の声に目を上げると、垂れ込めている乳白色の薄いベールの向こうから、青やピンクの派手なヤッケを着た能天気な連中の姿が、楽しげな会話の声とともに立ち現れてきたので、わたしはようやくほっと一息つくことができたのでした。

ストーブの火を消した瞬間、本来ならしんと静まり返るところを、ずっと続いている皆のにぎやかな会話が完全に補って、鬼怒沼の森閑とした雰囲気とはおよそ相いれない陽気さの中で、シェラカップにティーバッグを入れて湯を注ぎ、各々その場で立ったままビスケットをつまみに紅茶をすすり、山上のティータイムをそれはそれで満喫することができました。

お茶を終えると、「こんなガスの中を鬼怒沼山に登っても意味ないよ」という偵察隊三人の意見を尊重して下山を開始、来たときと同じルートを戻る気安さもあって、先生がどんどん先に行ってしまうのも構わず、のんきな学生四人は登りにも増してどうでもいいことをあだこうだ言いながら、一本道をだらだらと下っていきました。もちろんわたしもどうでもいいことを、どうのこうのと言ってはゲラゲラと笑ったりしていたのですが、わたしが知らない話を他の三人がしているときなど、さっき鬼怒沼のベンチで聞いた先生の受洗と棄教の話が頭の中にふとよみがえってきては、一人そのことについてあれこれと思いを巡らせたりしてしまうのでした。

急な登山道を下りきったところで立ち止まって待っていた先生に追いつき、そこからはアップダウンもほとんどない鬼怒川沿いの気楽な道を歩いて日光澤温泉からさらに加仁湯まで難なく戻り、玄関のガラス戸を開けて中に入ると、広間のストーブにへばり付くように宿の丹前を着たままごろんと丸まり転がっている二人の脱走兵を発見しました。戸の開く音で目が覚めたのか、二人ともおびえたような視線をこちらに向けています。一日遅れで入山し、たった今着いたところだという院生のサツマさんも、二人の様子を前にけげんな顔をして土間に立っていました。

「突然いなくなっちゃって、いったいどうしたんですか！」と迫る女子憲兵隊の厳しい取り調べに、二人の脱走兵は圧倒的に小さな声で、「いやあ、二日酔いでさあ……」と、バツが悪いのか体調がすぐれないのか、言葉少なに答えるのを、そばで聞いていたサツマさんが、「ああ、そういうことか。いや、なんで二人だけここにいるのか、尋ねても要領を得ないしさあ」と納得したところで、二泊目は翌日の根名草越えに備えて手白澤温泉に移ることにし、相変わらず口数少なく足取りの重い脱走兵たちを先頭に立たせ、ブナの原生林の中を尾根一つ向こうの手白澤温泉目指して、隊列を組んで進んで行きました。

小一時間歩いてたどり着いた手白澤温泉は、加仁湯と同じく建て替え前の木造二階建ての一軒宿で、今のように快適なオンドル的温泉床暖房などありませんでした。日が暮れればランプの薄暗い灯火の下、大きな石油ストーブを囲んでいてもまだ寒く、ならば夕食後はもう寝てしまえばいいものをそれだけは断固拒否し、それぞれ布団にくるまって茶巾寿司が並んでいるような様相で、二日酔いから立ち直ってがぜんパワーアップした先輩たちを中心に、どうでもいい話をああだこうだわめきながら、持ち込みを見逃してもらった日本酒やウイスキーを湯飲み茶碗であおりつつ、ゆっくりゆっくりと夜は更けていくのでした。その間、阿部先生はときどき鼻で笑ったり突っ込みを入れたりしながら、学生が次から次へと繰り出すどうでもいい話をずっと笑顔で聞いていました。

しかし、われわれの馬鹿話を心底楽しんでいたのかどうかは疑わしく、酔っ払った先輩が「よし、温泉に入ろう」と立ち上がり、皆がそれに追随して部屋を出ていき、先生とわたしだけがまた取り残され、それはそれでさっき鬼怒沼で聞いた先生の受洗と棄教に関する謎を解明する絶好のチャンスと思ってタイミングを見計らっていたところが、「ほら、伊藤も行ってきなさい」とわたしもまた追い出されてしまったのでした。

そうなるとますます気になるのが人情というものです。そこそこの広さの四角い露天風呂の隅に皆から一人離れてつかり、ときどき雲間から顔をのぞかせる月を見上げながら、先生はなぜ洗礼を受けたんだろう、どうして信者をやめたんだろうと、そればかり考えていました。

風呂から戻ると、昨夜以上に絶好調の先輩たちのリードで酒宴が再開されました。皆かなりハイピッチで酌み交わしわめき散らしている中、持て余しぎみの時間と酒の力を使って、他の連中には聞こえないような小声で、わたしは隣に座っていた先生に「なぜカトリックをやめたんですか?」と思い切って尋ねてみました。

先生はカトリック信者のわたしに気を使ってくれたのでしょう、やめた理由そのものについては触れませんでしたが、その代わりに、やめるためにどうしたかを話してくれました。

中学生のときに洗礼を受けた阿部謹也少年は、ほどなくしてキリスト教に疑問を抱くようになり、信者籍を返上するために、東京教区のカテドラルに当時の土井辰雄大司教を訪ねたのだそうです。

「『信者をやめたいのですが、どうしたらいいでしょうか』と尋ねたら、さすがでしたね、『そんなに慌てることはないから、もう少し待って、ゆっくり考えてみてから、また来なさい』と言われたので、そのまま帰ってきましたよ」

その後、大司教のところに再度訪ねていったのか聞くと、それっきり行かなかったとのことでした。

「なんだ、それなら今でも阿部先生はわたしと同じカトリック信者なんじゃないか」と、なぜだか安堵し、ちょっぴりうれしい気持ちになりました。ただ、そうした気持ちを伝えるのはやめておきました。先生の口から否定的な言葉が出ることを恐れたからでした。

それっきりその話題はおしまいになりました。先生は他の連中があだこうだ言い合っている激論に加わり、わたしはその訳の分からない激論を黙って聞き流しつつ、先生がいまだにカトリック教会に在籍したままであるという事実を心の中で何度も反芻《はんすう》しては、そのたびごとに口元が緩んでしまうのをごまかすのに必死になっていました。

二〇〇六年六月、久し振りにゼミの同期生が集まり、阿部先生を囲んでランチをする機会がありました。そのとき、わたしは東京カトリック神学院の神学生になっていました。それぞれの近況を報告する流れになり、わたしの順番がきてその経緯を話すと、先生はビルの上階にあるレストランの窓外の青空をわたしの肩越しに眺めながら、「洗礼っていうのは、なかなかいいものでしたね。こんなわたしでも洗礼を受けたときには、なんだかとてもすがすがしい気持ちになりましたよ」と懐かしそうに語った後、わたしの方に向き直ると、にこやかな笑顔で予想だにしなかったことを言い出したのです。

「そうだ、わたしが死んだときには、伊藤神父に葬式をしてもらおう」

三十年以上も前に鬼怒沼で聞いたあの受洗と棄教のエピソードや、後に出版された先生の著書『自分のなかに歴史をよむ』や『阿部謹也自伝』を読んで知ったカトリックに対する疑問を思い起こし考え合わせてみると（さらにまた、著作集出版記念パーティーで生前葬なるものをすませていたことを考えると）、阿部先生のこの意外な感想と依頼には正直とても驚きました。しかし、だからといってうれしくないわけはなく、まるでイエスを家に迎えて興奮と感動のうちに立ち上がり叫んだザアカイのように、椅子から腰を浮かせて「まかせてください！」などと、店の雰囲気にそぐわない調子に乗った大声を上げてしまったのでした。

それからわずか三か月後、阿部先生は人工透析の最中に突然亡くなってしまい、葬儀ミサの司式もかなないませんでした。

葬儀の席で先生の遺影を前に、学生時代に先生から繰り返し聞かされた「それをやらなければ生きていけないというテーマを選びなさい」という教え（阿部先生の師であった上原専禄氏から引き継いだ教え）を受けて、ようやくではあるものの、そのような人生のテーマをイエス・キリストに定めることができたことに感謝し、他の参列者と一緒に般若心経を唱えながら、司祭召命の道を歩む決意を改めて心に誓ったのでした。

没後二年ほどたって、追悼集『阿部謹也 最初の授業・最後の授業』が出版されました。不肖の弟子であるわたしにも献本が送られてきました。ぱらぱらと斜め読みした後、本棚にしまい込んであったのですが、最近になってもう一度しっかりと読み直してみると、本の後半には「追悼の記録」として著名人の追悼文が並んでいて、その中に毎日新聞社の偉い人になっている同期生アスナの弔辞があるのを見つけました。彼女にしてはなかなか味わい深い文章でしたが、そこに阿部先生が書いた網野善彦氏への追悼記事の一部が紹介されていました。

「死は人を生きるものから隔てるように見えるが、そうではない。死によって世間的な付き合いがなくなっただけ、以後は純粋な付き合いができるようになる」

びっくりしました。司祭になったわたしもまた、教会で執り行われる葬儀ミサの説教で、カトリックの立場から偶然にも同じような話をしていたからです。

「肉体と霊魂からなる人間は、死ぬと肉は朽ちて滅びますが、霊は残ります。それまでの目とか耳とか口とか手とかいった、肉体という脆弱《ぜいじゃく》で頼りない道具を使った間接的なコミュニケーションはできなくなりますが、これからはより純粋で直接的な霊と霊の交わりが可能になるのです」

カトリックから離れて研究者の道をきわめた阿部先生と、勉強嫌いでカトリック司祭になったわたしが、ときどきこうして交点をもつ不思議を改めて感じています。そして、「『今はもう無神論者です』と言ってはいたけれど、先生、やっぱりキリスト者なんじゃないですか」と、阿部先生の笑顔を思い浮かべながら霊的に突っ込みを入れたりしています。

マッターホルン

三位一体をこの目で見た

スイスとイタリアの国境にあるアルプス山脈第三の高峰。標高四四七八メートル。イタリア名はチェルヴィーノ。一〇〇〇メートル超の落差がある急斜面の岩壁に四方を囲まれた四角錐状の山容が特徴的。ウィンパー隊の初登頂と下山中の遭難でも知られる。スイス側の麓の町ツェルマットから登山電車で登れるゴルナーグラートはマッターホルンの展望台として人気。

大学四年の二月、卒業前の最後の試験をとりあえず受け終え、卒業論文もなんとか提出したわたしは、就職までのひと月ちょっとの間、バックパッカー（低予算で旅する個人旅行者）としてヨーロッパをあちこち一人で放浪していました。

旅の終盤に、イタリアから国際列車でシンプロン・トンネルを抜けてスイスに入りました。ブリークで私鉄に乗り換え、フィスパ川に沿って遡り、昼前にはツェルマットの駅に降り立つことができました。

小さな駅舎を出て、まずはその日の宿を探すことにしました。貧乏旅行での安宿探しは重要な日課ですが、特にスイスは物価が高く、長旅で残金わずかのわたしにとって、それは死活問題なのでした。

駅を背に、安そうなホテルを一軒ずつあたっていき、街外れまで来て最安値の宿に出くわしたところで投宿を決め、部屋に荷物を下ろすとすぐにまた駅方向に向かいました。スキー一式をレンタルするためです。

ツェルマットは世界的に有名な観光地ではありますが、所詮は山間の小さな集落、観光客相手の店は駅前の通りに集中していて、左右をキョロキョロと見回しながら歩いていると、すぐにスポーツ用品店が見つかりました。

店に入ると、スキー板がずらりと並んでいました。どの板にも大小の傷がたくさん付いていて、それが貸スキーであることは一目瞭然でした。あとは借りる交渉をするだけです。とはいえ、どう切り出したらいいのか分からず、躊躇しながらそう広くない店の中をぐるぐる回っていると、同じように店内を徘徊《はいかい》している日本人を見つけました。年格好も同じくらいです。向こうもわたしに気付き、軽い感じで声をかけてきました。

「日本人ですか？　スキーですか？　ゴルナーグラートですか？」

わたしがそうだと答えると、人懐っこい笑顔で「ぼくもです。一緒に行きませんか？」と提案してきました。

普段の街歩きなら適当にはぐらかしていたかもしれませんが、着いたばかりの見知らぬ土地でいきなりスキーを借りて滑るという、かつてない挑戦を前に大変心細い心境でしたので、思いがけず差し伸べられたこの救いの手に、一応もったいぶって「まあ、いいですけど」などと上から目線で返答しながら、心の中では快哉《かいさい》を叫んでいました。

わたしの承諾を彼は素直に喜んでくれ、それから一緒に借りるスキーを選び始めました。店員相手に彼が英語でなにやらしゃべっているのを盗み聞き、自分の方がもう少しうまくしゃべれるぞ、などとほくそ笑んだりして、わたしの目線はさらに上からになっていきました。

彼は少し迷った後、目の前に立てかけてあったスキー板を指差しました。店員が「上級者用だけど大丈夫か？」と心配すると、彼は屈託なく「オーケー、オーケー」と軽い感じで答え、ブーツやストックも借りて料金を支払い、片手にブーツを下げ、別の手に板とストックを抱えるとわたしの方を向き、ワクワクした面持ちで待機の体勢を取りました。

彼の視線を浴びながら、わたしはいくつか選んでいるふりをしつつ、実際には板のよし悪しなどよく分からないので、「じゃあ、わたしも彼と同じのでいいや」と、面倒くさそうに店員に告げました。

店員はあちこち探してくれたのですが、同じ品はありませんでした。そこで別のメーカーの板を取り出してきて言いました。「これも上級者用だ。これでもいいか?」

ブームだった時代、大学に入ってから毎シーズン何度もスキーに出かけていましたから、決して初心者ではありませんでしたが、かといって上級者を名乗るレベルでもありませんでした。しかし、今さらノーとは言えません。かなり暗い調子でわたしも「オーケー」と答えました。

すると、さすがはプロの店員、わたしの声のトーンに疑問を感じたらしく、力まかせに板をしならせながら、「ほら、この板はとっても硬いぞ。上級者向けだぞ。本当に大丈夫か?」と念を押してきました。脅すような店員の言葉で過呼吸に陥ったわたしは声も出ず、小さくうなずいて見せるのが精いっぱいでした。

お金を受け取りながらもまだいぶかっている様子の店員とは対照的に、元気で明るい同行者はこちらの心情を察したふうもなく、店を出てはしゃぎぎみに先を歩き、ゴルナーグラートへ向かう登山電車に乗り込むと、二人分の席をさっと取って「こっちこっち」と大音声で呼んだりするので、こちらもだんだんと不安が和らぎ、緊張がほぐれて愉快な気分になってきました。

赤い車体に大きなガラス窓がしつらえられているこの登山電車には、われわれ以外にもスキー客が大勢乗り込んでいて、とてもにぎやかでした。

満員で発車した登山電車は、しばらくすると森林限界を越えて開けた斜面に出ました。それまでいた谷底の日陰とのコントラストに目もくらむような陽光と、広い青空をバックに屹立《きつりつ》するマッターホルンの雄姿に、車内の全員が歓声をあげました。マッターホルンが人目を引くのは、四千メートルを超える標高やとがった山容だけでなく、アルプス山脈の一峰でありながら他の山々から一つだけ離れてはっきりとそれと分かる、ほとんど独立峰のようなたたずまいにあるのではないかなどと分析しながら、その圧倒的な存在感にわたしも思わずため息を漏らしました。

どんどんと高度を上げてマッターホルンに迫っていくゴルナーグラート鉄道の旅は、高低差千五百メートルを四十分ほどで登りきって終わり、待望のゴルナーグラート展望台に到着しました。

同行者と一緒にビュッフェで少し遅い昼食をとりながら、ようやくそこでお互いに自分のことを紹介し合い、彼がわたしと同じく大学四年生で、四月からは社会人で、北海道出身で、物心がついたころからスキーをしていて、このゴルナーグラートでマッターホルンを見ながらスキーをするためにヨーロッパに来たことを知りました。

わたしはスキーについては一切触れず、ヨーロッパではここに行った、あそこに行ったというような、とりとめのない話でお茶を濁しながら、上からだった彼への目線がどんどんと下がっていくのを自覚していました。

腹ごしらえをすませ、外に出てスキーを履き、準備を整えて目を上げると、正面にはマッターホルンが、振り返ればスイスの最高峰モンテ・ローザが、覆いかぶさるように大きく迫って見えました。この雄大な景色の中を、いよいよ滑降開始です。

四月間近のゴルナーグラートは、三千メートルを超える標高にもかかわらず、好天に恵まれて日差しが強く、上は薄手のセーターによれよれのウインドブレーカー、下はジーンズだけで平気なほど心地よいコンディションでした。

まずは小手調べとばかりに、道産子が小気味よいウェーデルンですいすいっと滑っていきました。わたしもそれに続いてすいすいっと滑るはずが、板が硬すぎて容易にターンできません。

思えば日本で履いていた自前のスキーは、大学生協のスキーフェアで買った初心者用セットで、くるくると面白いように回ってくれていましたが、それは板がめちゃくちゃ柔らかかったからなのです。上級者用の板はスピードが上がっても安定して滑れるように硬くしてある分、ターンするにはそれなりの技術と力が必要なのでした。素人のくせに見えを張ったばかりに、体をねじって強引にでも回転したい気持ちとは裏腹に、ほとんど直滑降のような滑りしかできないありさまでした。

しばらく滑った先で止まり、振り向いて待ってくれていた道産子は、わたしの滑りを見て即座に力量を見きわめたらしく、やっとのことで彼の近くまでたどり着いたわたしに、

「ぼく、あと何本かここで滑っていくので、いつかまた……」と事実上の戦力外通告を言い渡すと、再びウェーデルンで颯爽と滑っていってしまいました。

「なんだよ、おいてけぼりかよ」と不満に感じつつも、一方では上級者と一緒にいる緊張から解放されて一息つけたのも事実で、広いゲレンデにポツンと一人たたずみながら、改めて今後の人生について考えてみました。

貧乏旅行者としては、恐ろしく値の張る登山鉄道に復路《ふくろ》も乗るなんて考えられないし、

このゲレンデのリフトに乗るお金ももったいないし、時間的余裕もそれほどないし、技術的にも道産子よりはるかに劣るのだし、ここはまっすぐツェルマットに向かって滑り降りてしまった方がいいだろう。それが結論でした。

異国の見知らぬ雪山を、わたしはたった一人で滑り始めました。

気持ちは回転、実際には直滑降でしばらく滑っていくと、次第にコースの幅が狭まってきました。スピードを落とすためにもこまめなターンが必須なのですが、技術がない分、力まかせに曲がろうとするので、じきに足腰が痛くなってきました。

立ち止まって腰を伸ばし、それから辺りを見回してみると、相変わらず晴れてはいるのですが、いつの間にか日が少し傾いて、青空にオレンジ色が混じり始めていました。下界を見下ろすと、ツェルマットの村が山陰に遠く小さく見えます。ゴールはまだまだ遠いというのに、このペースだと途中で日が暮れてしまうのではないかと心配になり、急いでまた滑り出しました。

相変わらずスキーは言うことを聞いてくれず、悪戦苦闘の末に体が本格的に悲鳴を上げ始め、このままでは遭難してしまうかもしれないと不安で泣きそうになりながら、次のカーブを無理やり曲がろうとしたそのとたん、エッジを引っかけて転倒し、吹きだまりに頭から突っ込んでしまいました。

高所のせいと体力的消耗のせいと精神的焦燥のせいで、はあはあと息遣いも荒くなりながら、吹っ飛んだメガネを雪の中から探し出してかけ直し、スキー板をなんとかそろえて体勢を整え、打撲の痛みを全身に感じつつ、よっこらせと立ち上がったその先に、逆光の中、巨人のように屹立するマッターホルンを背後に従えて、石積みの礼拝堂が真っ白な雪の斜面にぽつんと立っているのが目に飛び込んできました。屋根の真ん中に鋭く突き出た尖塔《せんとう》のてっぺんに、小さな十字架をちょこんと乗せた、小さな小さな礼拝堂でした。

おそらく無人でしょう。辺りには何もなく、誰もいません。

なぜこんな山の上にと不思議に思いつつ、その礼拝堂の神聖なたたずまいに目を奪われているうちに、こう見えてわたしもキリスト者の端くれ、冷静に考えれば危機的状況は何一つ変わっていないにもかかわらず、心も体も緊張がとけてすっかり安堵し、なんだかとっても満たされた気分になっていったのでした。

空に突き上げられたマッターホルンの剣先《けんさき》と、それに重なった礼拝堂の十字架が、午後の暖かな陽光を浴びて光り輝いている、この世のものとは思えない崇高な景観になおも見とれていると、突然一つのイメージが脳裏に浮かび、鳥肌が立つような感動を覚えました。

マッターホルンの荘厳さと礼拝堂の安心感、それに午後の陽光の包摂性《ほうせつせい》が、それぞれ父と子と聖霊を象徴していて、あたかも三位一体の神秘を目撃しているかのような感覚に襲われたのです。

畏敬の念を込めて、普段あまりしたこともないのに両手を合わせ、恭しく十字を切って頭を垂れ、しばらくたってからようやくまた滑り出したときには、高揚したのか無意識のうちに笑みと鼻歌があふれ出てくるようになっていました。

高度が下がって周囲に常緑樹が増え、コース幅がさらに狭くなっても、礼拝堂に向かって祈ったせいなのかどうか分かりませんが、少しの不安も感じることなく、いつの間にかターンも上達して、森林コースを難なくクリアし、とうとう麓まで二度と転ぶことなく無事に滑り降りてくることができました。

貸スキー屋にセット一式を返しに行くと、例の店員が板を受け取りながら、「おまえ、この板で本当に大丈夫だったのか？」とニヤニヤ笑いながら聞いてきましたので、わたしは知っている数少ないドイツ語で「ヤー、ヤー、ゼア・グート」と重厚にこたえてみせ、それから同じようにニヤリと笑って店を後にしました。

わたしのこのニヤリは、決してよろしくない感情を含ませたものではなく、神々しい世界に身を置くことのできた喜びがおのずとにじみ出たニヤリだったと思っています。その証拠に、店を出たわたしはホテルに戻る途中にあった教会の前で立ち止まり、人目も気にせず十字を切りながら、「父と子と聖霊のみ名によって、アーメン」と、わざわざ声に出して唱えたりしたのです。午前中はここを素通りした信仰の薄いわたしは、マッターホルンと礼拝堂と午後の陽光の三位一体に出会えたおかげで、数時間のうちに回心を成し遂げてしまったのです。たぶん。

吾妻山《あづまやま》

指ロザリオ物語

山形県米沢市南部から福島県福島市西部や耶麻郡《やまぐん》北部にかけて東西約二〇キロメートル、南北約一〇キロメートルにわたりなだらかに連なる火山群の総称。最高峰は西吾妻山で標高二〇三五メートル。ほぼ全山が磐梯《ばんだい》朝日国立公園に属する東北地方南部有数の観光地で、観光道路や多くの温泉、スキー場があり、多数の観光客や登山者、スキーヤーが訪れる。

二十代半ば、わたしは山スキーに熱中していました。ヒールリフター（スキー板にシールを装着して斜面を登る際に足を水平に保つための補助具）付きのヒールフリービンディング（登高モードではかかとを開放し滑降モードでは固定できる可動式ビンディング）を取り付けた、スリングホール（ロープをとおして牽引《けんいん》するための穴）のある山スキー用の幅広の板と、ビブラムソール（グリップ力と耐久性に優れたビブラム社製の登山用ゴム製靴底）でインナーブーツとシェルが完全に分離する二重構造の兼用靴（スキーを外しての歩行と装着しての滑降の両方に適応したブーツ）、伸縮自在でリングが大きい専用ストック、さらに天然素材のシール（スキーを履いたまま登高する際に後ろ向きに滑らないように板の滑走面に貼り付ける滑り止めシート）やスキーアイゼン（クラストした斜面でもスキーを履いたまま滑らずに登るための金属製スパイク）まですべてそろえ、めったに売っていない山スキーのガイドブックもほうぼうの本屋を探し回ってなんとか入手し、準備万端整えたのですが、こんなマニアックな遊びに付き合ってくれる同志がなかなか見つかりませんでした。

そこで、そのころは春になると、ゲレンデスキーなら大好きという友人を「こんな時期でも雪がたっぷりのいい場所がある」と言って誘《おび》き出し、越後湯沢の大峰山や尾瀬西部の至仏山、北アルプス南部の乗鞍岳などに連れていって、ゲレンデでは味わえない大自然の中の滑降を半強制的に楽しんでもらうようにしていました。

ただ、人間の身体機能を劣化させるリフトやゴンドラもなく、あちこちに設置されたスピーカーが垂れ流す耳障りな音楽もなく、自らの足で雪面を踏みしめ汗をかきながら登り、大自然の大いなる沈黙の中を颯爽と滑り降りてくる山スキーの醍醐味《だいごみ》を快く感じ、喜び楽しんでいたのは結局のところわたしだけだったようで、やがてはだまされる友人もいなくなり、最終的には単独行という危険な選択をせざるを得なくなりました。

そんなある年の春の休日、早起きしたら雲一つない晴天だったので、急いで山スキーの支度をして家を飛び出したことがありました。電車に乗ったところでガイドブックを開き、かねてから狙っていた吾妻山に照準を定めました。まったくもって無計画で無謀なこと極まりないのですが、そのときはそんな感じで出発したのでした。

東北新幹線で福島まで行き、奥羽本線に乗り換えて米沢で下車、今度はバスで白布《しらぶ》温泉まで入って、そこからさらにロープウェイで天元台高原に登りました。

駅舎を出るとそのすぐ先にはスキーゲレンデがあり、春スキーを楽しむ大勢のスキーヤーでにぎわっていました。

彼らに交じってわたしもゲレンデで二本ほど足慣らしをしてから、リフトを三本乗り継ぎ最上部の北望台まで一気に高度を稼いだところで、板にシールを貼り付け、ヒールをフリーにし、ヒールリフターを立て、ストックを短めに調整し、グローブをはめ、ザックを背負い、スキーを履くと、ゲレンデに背を向けて登高を開始しました。

しばらくは針葉樹林帯を行くのですが、東北地方の脊梁《せきりょう》である奥羽山脈の一部を形成するこの山域の積雪はまことにもってすさまじく、ハイマツ帯は広くて真っ白な雪原になっているし、シラビソやコメツガも下の方は完全に雪に埋もれて上部しか出ていないので青空が広く見渡せ、また山容はなだらかで傾斜が緩く、登高するのにシールもよく効いてスキーアイゼンを装着するまでもない、このうえなく快適な心躍る山行でした。

中大巓《なかだいてん》を巻いた辺りからは雪上に突き出た木々の樹頭もますます低くまばらになり、直射日光で汗ばむような陽気の中、広大な純白の雪原をTシャツ一枚になって快調に進み、一時間半ほどで難なく西吾妻山頂直下の西吾妻小屋に到着しました。

天気がよく気温も高いので、小屋には入らず雪の上にビニールシートを敷いてそこに座り、水筒の水で喉を潤し、遅い昼食のパンを頬張り終えると、立ち上がって板からシールを外し、ワックスを塗り、ストックを伸ばし、グローブをはめ、ヒールリフターをたたみ、ビンディングのヒールを固定し、ザックを背負い、スキーを履いて、さあ、いよいよ滑降開始です。

広々とした雄大な斜面を北西方向に大きなターンで軽快に滑り降りていったのですが、快適だったのは最初の数分だけで、あっという間に高度が下がって樹林帯に入ると、それまでとは打って変わって、思うようにのんびりと回転することができなくなりました。木が多くてじゃまだし、木の周りは雪が解けて落とし穴のようになっているし、おまけに木陰に積もった雪はしまっておらずスキーが潜ってしまうしで、とても滑りを楽しむ余裕などありません。ところどころ木の枝に道標として結びつけられている赤いリボンを確認し、プルークボーゲンやプルークファーレンで滑り出しては、ほんの短い距離で制動をかけて立ち止まり、少しでも滑りやすそうなコースを見定めてはまた滑り出すことを繰り返しながら、徐々に高度を下げていきました。不安と緊張とスキー技術のなさで体中に余計な力が入っています。

もう何十回目かでまた立ち止まり、その先のコースを選ぶべく辺りを慎重に眺め回していると、嫌なことに気付きました。赤いリボンがどこにも見当たらないのです。コース取りに気を取られて足元ばかり気にしているうちに、木の枝につけられたリボンをたどらなければいけないことを失念してしまっていたのです。

先行するシュプールもなく、赤いリボンも見失い、日が長くなったとはいえ午後二時半を回って日差しもちょっと頼りなくなり始め、ザックの中には多少の非常食の他はパンの残りと水筒に半分ほどの水、セーターとレインウェアしか入っていません。日が暮れたらアウトです。それまでとは違う種類の汗が吹き出してきました。

国土地理院二万五千分一地形図とガイドブック、それに方位磁石を取り出して現在地を確認してみました。どうやら若女平《わかめだいら》という尾根上のかなり広大で傾斜の緩い平坦《へいたん》地付近まで下りてきているようなのですが、目印になるようなものが見当たらず、積雪もあって詳細は分かりません。

地図から目を上げて周囲を見回すと、左手の斜面を少し下った先にたっぷりと雪を積もらせた樋状《といじょう》の地形が見下ろせました。沢筋《さわすじ》なのでしょうが、岩などの障害物がまったく見当たらず、なんだかとても滑りやすそうです。本来進むべきルートに並行してなだらかに下っていっているように見えるので、おそらく最後は白布温泉郷に流れ込んでいると予想して、もう一度地図に目を落とし、地形を確認しました。

しかし、該当するような沢が見当たりません。あるとすれば、もう少し下ったところで西に流路を変え、その先で本流と合流する沢がそれでしょうが、そうだとすると思ったよりもまだずっと標高の高いところにいることになります。地図に記されている夏道はしばらくは沢と並行して北西に向かっていますが、若女平で北に向きを変えているので、左下に見えている沢とはこの先どんどん離れていくことになります。

さて、どうしたものでしょう。ただでさえコースが取りにくい樹林帯であるうえに、標高が下がって積雪量が減り、雪上に枝を出している灌木も増えてきたので、尾根筋はとても滑りにくそうです。それに、地図やガイドブックを見るかぎり、若女平から先はこれまでと違ってかなり痩せた、滑降には不向きな尾根を行くことになります。

迷いながら地図をしまい、もう一度周囲を見回していたら、スキーが自然にスーッと沢の方に滑り出しました。心地よい滑りでした。

「こっちでいいかな」

そう考えた瞬間、何者かに引き倒されて転び、冷たい雪面で頬をたたかれ正気に戻されました。同時に「道に迷ったら沢に降りずに尾根に登れ」という何者かの声が聞こえました。もちろん、本当に何者かが現れたり話したりしたわけではなく、そんな感じがしたというだけのことなのですが、危ういところで滑って転んで山の鉄則を思い出したわたしは、悪魔の甘いささやきから逃れるように冷や汗とあぶら汗と玉の汗を流しながら、雪の斜面を元の場所まで必死になって戻りました。

登りきったところで何度か大きく深呼吸をして、それから今、登ってきた沢の方を見下ろしてみると、灰色を帯びた日陰の雪の斜面には、わたしが上り下りした際に荒らした跡がずっと下の方まで続いていて、ほんの一瞬のうちに何十メートルも滑り降りていたことが分かり、血の気が引きました。

以後は左手の斜面を滑降したくなる誘惑にあらがいつつ、尾根筋を外さないように気を張りながら、木と木の間を縫ってのそのそと歩くように進んで行きました。

それからどこをどうやってたどり着いたのか、実はその間のことをまったく覚えていないのですが、気が付くといつの間にか白布温泉の街中をスキーを抱えて歩いていました。

人間はストレスがかかるとノルアドレナリンが分泌されて長期記憶が形成されるものだそうですが、わたしの場合は逆で、遭難一歩手前だったであろうあの危機的状況をいったいどうやって回避したのか、どうしても思い出せないのです。いつしか忘れてしまったということではなく、そもそも記憶自体が形成されていなかったような気がします。

ただ、記憶がないという事実は記憶に残りました。そして、安易な選択に導く悪魔の誘惑から何者かによって引き戻されただけでなく、知らないうちに無事に下山していたというのはどう考えても不自然で不思議なので、それは超自然的な働き、すなわち神の導きであったにちがいないと後々思うようになりました。

思うようになったからといって特段信仰が深まったとか、回心したとかいうことでもないまま、それから二十年以上が過ぎました。

山スキーはもうとっくにやめてしまい、雪山を目指すといっても、もっぱら山奥の秘湯に浸かって雪見酒と洒落《しゃれ》込むばかりになっていましたが、同好の士は増えました。

司祭になって何年目かに、温泉や銭湯に通うことを日課にしているナベ神父と一緒に山奥の温泉をはしごする計画を立て、吾妻山を再訪する機会を得ました。

二泊三日の初日は車で高速道路を米沢まで飛ばし、そこからあの白布温泉を経由して、あの天元台高原のすぐそばにある新高湯《しんたかゆ》温泉に投宿、飲んでは入湯、食べては入湯、寝ては入湯の温泉三昧を満喫しました。

露天風呂の背後に迫る山は、わたしにとっては例の遭難未遂事件の現場なわけで、危うく沢筋に引き込まれそうになったことや、なんとか無事に下山できたこと、その途中の記憶が抜け落ちていることは思い出しましたが、それを神の導きと考えるにいたったことは、みじんも思い出すことなく、ナベ神父には「どうやって切り抜けたのか分かんないんですけど、無事に生還したんですよ、ワハハハハー」などとまことにもって恩知らずな説明をし、あまり上品とは言えない哄笑《こうしょう》を二人して山ひだにこだまさせたりしながら、吾妻山再訪初日の夜は更けていったのでした。

翌朝、さらにもうひと風呂浴びてから新高湯温泉を出発、一度米沢市街まで出て、そういえばわれわれはカトリックだったということで、米沢教会や北山原殉教遺跡などを急きょ巡礼した後、再び吾妻連峰の山懐《やまふところ》に分け入って姥湯《うばゆ》温泉に二泊目の宿を取り、とおされた部屋に荷物を放り投げると、さっそく露天風呂に飛び込みました。

乳白色の湯につかり顔を上げると、吾妻山の奇岩や絶壁がそそり立っているのがすぐそこに望まれ、なんともいい気分です。他にも何人か入湯客がいましたが、白濁した湯に身を沈めたまま、その間を縫って適度に広い露天風呂をあちこち移動し、いろいろな角度から吾妻山の絶景を堪能しました。

温泉の中を一通り経巡った後、タオルを頭の上に乗せて目をつむっているナベ神父の隣に戻り、わたしも同じようにタオルを頭に乗せると、互いに宣教司牧のあり方や典礼の所作、うまいラーメン屋などに関して情報を交換し合いました。

その間、ほとんど聞き役だったわたしは手の指を足指と組んで広げたり反らせたりして、フットセラピーを自らに施していました。泉質のせいかツルツルと滑らかにマッサージできて、なかなかいい感じでした。

ナベ神父の長い話がやっと終わったので、ここを先途《せんど》と逃げ去ることにして中腰になり、タオルを押さえるために湯から手を出したところで、指にはめていたはずの指ロザリオが消えているのに気付きました。

「あれ？　入る前に外したっけ？　いや、そんな記憶はないなあ。てことは、足指をこねくり回しているうちに抜けたのか？　でも、結構きつかったのに、そんな簡単に抜けるかなあ」

白濁していてまったく見えない湯船の底に手を這《は》わせ、文字どおりの手探りで指輪形状の小さな金属製ロザリオを捜したのですが、それらしいものは手に触れません。フットセラピーをしていたのはナベ神父の隣でだけだったはずなのですが、ひょっとしたらと思って、他の入湯客の間をしゃがんだまま手探りしながら自走式ロボット掃除機のようにくまなく回ってみました。しかし見つかりません。

なくした指ロザリオはゴールドで、指にはめたまま回すことができる二重構造の高そうなタイプのものでした。母国ではやっていると言って、韓国人の信者さんがわざわざ買ってきてくれた贈り物だったのです。

プレゼントしてくれた方に申し訳ないという思いに、高価な品なのでもったいないという思いが加わり、必死になって露天風呂をもうあと三周はしたのですが、どうしても見つけることができませんでした。

湯から上がって脱衣所に戻り、脱衣籠の下や床の上、簀子《すのこ》の隙間も捜しました。部屋に帰ると机や畳の上、かばんや財布や茶わんの中、上着やズボンのポケットも捜索しましたが、出てきませんでした。

宿の人に事情を話し、見つかったら伝えてほしいと頼んでおきましたが、結局連絡はこず、日常生活に戻ってもしばらくの間は気が晴れませんでした。

しかしそのうちにだんだんと、同じ吾妻山で起こった二十年以上前と今回の二つの出来事を結び付けて、こんなふうに考えるようになっていきました。

これはマリア様からのメッセージではないか。せっかく遭難の危機から救い出してもらったのに、感謝の祈りもロザリオの祈りも唱えず、悔い改めもしないままヘラヘラと再び同じ山に戻ってきた機会を捉えて、思い知らせてくれたのではないか、と。

そして、こんなふうに考えを改めました。

そうか、そういうことか、それならば指ロザリオの紛失はお灸《きゅう》として耐え忍ばねばなるまい、と。

ところが、そう改心するとあら不思議、ほどなくして今度は別の日本人の信者さんが韓国旅行のお土産だと言って、なんと失くしたものとまったく同じタイプのゴールドの回転式指ロザリオをプレゼントしてくれたのです。

奇跡としか思えません。わたしは驚き且つ喜び、何度も礼を言いながらこのプレゼントを受け取りました。

現金なもので、同じ物が手に入れば、前の指ロザリオのことや紛失した事実、そしてそれを聖母マリアからのメッセージだと理解したことなど、すぐにすっかり忘れてしまい、せっかくわが指に戻ってきたロザリオを使って祈りを唱えることもなく、手持ち無沙汰なときなどに何も考えずにただくるくると回すだけの手遊《てすさ》びの道具としてしか使わないようになってしまいました。

それからまた何年かたったある朝のことです。

目が覚めて半身を起こし、伸びをしてから眠い目をこすり、それから指にはめた指ロザリオをいつものように何気なくいじったところで、異変に気付きました。回らないのです。もう少し力を入れて再度トライしてみましたが、それでもだめなので、指から引っ張り外してよーく見てみると、驚愕《きょうがく》の事実が発覚しました。指ロザリオがおむすび形にゆがんでいるのです。

実は材質が意外と柔らかいのかもしれない。そう思い、指でつまんで思い切り力を込めてみましたが、指ロザリオの輪はめちゃめちゃ硬く、形状に変化はまったく見られません。

今度は指にはめて、おにぎり形の出っ張った部分をベッドの横の壁にぎゅーっと押し付けてみましたが、やはりびくともしません。

前夜までは完璧な円形でした。眠っている間にゆがんだのです。手や指にけがや傷はありません。寝ぼけてやったことだとしても、いったい何をどうしたらこんなふうになるのでしょう。合理的な答えが見つかりません。超常現象です。

そこで思いました。

これはマリア様からのメッセージではないか。せっかく指ロザリオをこの手に戻してもらったのに、感謝の祈りもロザリオの祈りも唱えず、悔い改めもしないままヘラヘラと同じ信仰レベルにとどまっている忘恩の徒に、再び思い知らせてくれたのではないか、と。

その日、教会に来た信者さんにゆがんだ指ロザリオを見せると、宝飾店に持っていけば直してもらえると教えてくれました。

元の形に戻すことができ、またくるくる回せるようになると知って安心したわたしは、さっそくインターネットで修理してくれる店を探しました。

宝飾店はたくさんあり、修理できる店もいくつか見つかりました。

しかし、いろいろと調べているうちに、次第に考えが変わってきました。あえて修理せず、このままにしておいた方がいいのではないかと思うようになってきたのです。

同種の指ロザリオで、一回は不思議な紛失、一回は不思議な変形と、二回も警告を受けたことを今度こそ忘れないようにしなければいけないと考えるようになったのです。ときどき取り出して眺めては、聖母マリアのメッセージを思い起こすよすがとするために、ゆがんでしまって指にはめにくくなりまったく回せなくなってしまった指ロザリオを、そのまま大切に保管しておこうと決めたのです（決して修理代が惜しかったからではないのです）。もちろん、本当にときどき取り出して眺めるつもりでそうしたことなのですが、しばらくの間は実行に移さずにいたところが、おむすび形にゆがんだままの指ロザリオを、いったいどこにしまったのか、今度はそれが分からなくなってしまいました。部屋の中をあちこち捜してみたのですが、見つからないのです。

察するに、これはきっと三回目の警告です（もっと早く察しなさい）。

クロー・パトリック

アイルランドの守護聖人は厳しい

アイルランド西部メイヨー県にある山。標高七六四メートル。クローはゲール語で積み藁《わら》を意味するクルーハに由来し、地元ではその意味のアイルランド英語リークが山名となっている。五世紀にアイルランドにキリスト教を伝えた聖パトリックがこの山頂で四十日間断食したとされ、特にリーク・サンデーと呼ばれる七月最終日曜日には、毎年多くの巡礼者が裸足で山頂を目指す。

会社勤めを辞め、大学に戻った年の夏休み、論文のための取材旅行と称してまるまる二か月間、アイルランドを中心にヨーロッパ中を歩き回ったことがありました。当時、バックパッカーとして欧州を旅するには、『地球の歩き方・ヨーロッパ』だけが頼りでしたが、アイルランドに関する記述はなく、またケルトブームが到来する前のことで、専門書以外にアイルランド関連の本は見当たりませんでした。

こうなったら現地で情報を得るしかないと覚悟を決め、七月半ば過ぎ、南回りの格安航空券でヨーロッパを目指しました。

ドイツのフランクフルトに降り立ち、数日かけてあちこち立ち寄りながらフランスのル・アーヴルまでたどり着き、そこからフェリーでアイルランドに入島、まずは首都ダブリンに出て、オコンネル通りにある書店でアイルランド全島をカバーする地図とポケットサイズの鉄道旅行用ガイドブックを手に入れてひと安心、両者を見比べながらその場で適当に目的地を決めて進む、アイルランド放浪の旅が始まりました。

八月初めの水曜午後、鉄道でアイルランド西部ウェストポートの町に到着し、公共交通機関が未発達だったこの国としては奇跡的にタイミングよく、二時間半後にルイスバーグまで行く路線バスに乗ることができました。ガイドブックによると、ウェストポートからルイスバーグに向かう途中に、クロー・パトリックという有名な巡礼の山があるということで、これは見逃せないと思い、まずはルイスバーグまで行ってしまって宿を取り、翌朝戻ってきて山頂を目指すことにしたのでした。

終点で降車し、来た道に沿ってほんの少し歩くと、すぐにB&B（低料金の朝食付き民宿）が見つかりました。滞りなく部屋を確保して外に出ると、何軒か先にパブが、これまたすぐに見つかりました。小躍りしながら入店し、すべて聖パトリックのお導きのおかげと感謝してギネスビールをあおり、人心地ついたところで一気に酔いが回って、知らぬ間に夜は更けていったのでした。

翌朝、アルコールが若干残っているのを不安に感じながらも、気合いを入れて登山の準備を整え、オレンジジュース、ミルク、ポリッジ、シリアル、トースト、バター、フライドエッグ、ベーコン、ソーセージ、ホワイトプディング、ブラックプディング、ベイクドトマト、ベイクドマッシュルーム、それにコーヒー紅茶と、目がくらむほど豪勢なアイリッシュ・フル・ブレックファーストでしっかり腹ごしらえをして、いざ出陣とばかりに立ち上がり、勇んでクロー・パトリックへのアクセスを宿の主人に問うと、ウェストポートに戻る途中のマリスクという村が登山口だとのことでした。昨日乗ったバス路線の復路ならしれたもの、なんだかますます気分が高揚してきました。

「分かりました。ありがとうございます。では今から、そのマリスクという村に向かいます。バスはいつ出発しますか?」

わたしのこの問いに、宿の主人は即答してくれました。

「オン・フライデー」

アイルランドなまりを聞き分けるのに少し時間が必要でしたが、中一で習う英単語の意味と、今日が木曜であることを思い出したところで、わたしは力なく椅子に崩れ落ちました。

今日は登れないのか……。何もないこの町でもう一泊しなければいけないのか……。途方に暮れてぼうぜんとしていると、あまりの落ち込みようを見かねた宿の主人が、マリスクまで自家用車で送ってあげようと申し出てくれました。

断る理由などありません。厚意をありがたく受けることにして、玄関に横付けされた車の助手席にさっさと乗り込み、ザックを膝に抱えて出発を促しました。

美しいクルー湾の海岸線を快調に疾走する車の中で改めて礼を言うと、宿の主人は前を向いたまま、「近いし、他に用事もないから問題ないよ」と笑ってくれました。その温かい言葉にますます感動しながら、わたしはもう一つ質問してみました。

「バスが毎日ないと不便じゃないですか?」

主人は教えてくれました。

「アイルランドじゃ昔から、荷車や自動車が通りかかったら乗せてもらうのが当たり前、車は乗せるのが当たり前だったんだ。今だって簡単にヒッチハイクできるよ。絶対に止まってくれるから、今日も下山後はヒッチハイクしたらいいよ」

アイルランドってなんてすばらしい国なんだと感動しているうちに、十分ほどでマリスクの村に到着しました。宿の主人はわたしを降ろすと車の窓を開けて、「そこから登るんだよ」と登山口を指差して教え、それからその手を高く上げて振りながら、もと来た道を帰っていきました。

車が見えなくなるまで、わたしも同じように手を振って見送り、それからザックを背負い、体をくるりと山の方に向けて登山口まで進みました。

全山を露岩《ろがん》と草に覆われ、三角形に大きく盛り上がったクロー・パトリックの山体に、登山道が目の前から稜線まで延びているのがよく見えました。そしてその起点には、三位一体を説明するのに用いたと伝わるシャムロックの葉を、三つ葉葵の紋所のごとく掲げる聖パトリックの像が白く輝いて立っていました。

山旅の安全を祈念して、このアイルランドの守護聖人の前で柄にもなくしっかりと十字を切り、それから山道を一歩一歩踏みしめながら登り始めました。

道は一本、ひたすら登り。道程の起点から終点まで見とおせるので、自分がどれほど登ってきたのかがよく分かります。ただ、道には大小さまざまな石が不安定にたくさん転がっていて足を取られるので、登るのにも結構な緊張を強いられました。

途中、ステーションと呼ばれる巡礼のための石積みの留を見かけましたが、そのまま素通りし、二時間ほどで山頂に到達しました。

ウェストポートの雑貨屋で買った、日本では見たこともない不思議な色の炭酸ジュースをラッパ飲みしながら、周囲に広がるアイルランド特有の緑の大地と青い海を堪能していると、大西洋から流れてきた雲がじきに山頂を覆って視界を閉ざし、霧雨を降らし、気温を急激に下げてしまいました。

天候の急変はアイルランドではよくあること、驚きはしませんでしたが、せっかくそこにある小さな礼拝堂の扉には、しっかりした南京錠がかけられていて、雨宿りもままなりませんでした。

しかたなく、風下にあたる礼拝堂の白い壁に身を寄せて震えていると、霧雨の向こうから杖《つえ》を突いた初老の男性がぬうっと現れました。気付けば裸足です。巡礼日としてにぎわうリーク・サンデーを逃し、数日遅れて一人でやってきた巡礼者なのでしょう。それにしても、石ころだらけのこの山道をよくも裸足でと感心しました。

霧に包まれた山頂に二人っきりです。礼拝堂の白壁にもたれて動かずにいたわたしに彼が気付いたのは、わたしが彼に気付いたのより後で、少しぎょっとした表情をしたのが分かりましたので、目が合ったところで愛想笑いをしながら軽く会釈をしてみました。

ところが、その巡礼者はいちべつをくれただけでニコリともせず、すぐに視線をそらしました。そして、わたしの存在を無視するかのように、目の前を通り過ぎて礼拝堂の正面まで行き、そこでしばらく立ち止まった後、再びわたしの前を通過して、聖パトリックのベッドと呼ばれる巡礼の留のところまで戻り、その周囲をゆっくりと回りながら、祈りとおぼしき言葉をひとしきりつぶやき、すべてを終えると、白くけむる霧雨の中を、もと来た方向に消えていきました。

無意識のうちに息を詰めていたらしく、彼の姿が見えなくなったところで、わたしは大きくふうーっと息をつき、肩を回して力を抜きました。

わたしの態度に非があったわけではないと思うのですが、他人をむやみに寄せつけない、この巡礼者の祈りへの没頭の加減に気おされたわたしは、自らの軽佻浮薄《けいちょうふはく》を恥じて、それ以来、クロー・パトリック山頂で出会ったこの男性の姿形とその態度が、わたしにとって巡礼というものの在《あ》り様の譲れない基準となったのでした。

ただ、アイルランド人は人懐っこく陽気で気さくな気質だと思っていたのですが、彼のせいでちょっと印象が変わってしまったのも事実です。

そろそろわたしも下山しようと思いましたが、追いついてしまうのはなんとなくためらわれ、裸足の巡礼者との間隔を取るために、なおしばらく山頂にとどまっているうち、霧が晴れ、再び太陽が顔を出しました。クルー湾に無数の小島が浮かんでいるのがはっきりと見渡せます。

この佳景《かけい》をしばらく無心で眺めてから、決意して下山を開始しました。見下ろせば、登山道の先をゆっくりと下っていく、例の巡礼者の後ろ姿が小さく確認できます。これだけ離れれば追いつくことはあるまいと考え、転ばぬように足元をしっかりとにらみつつ、少し歩速を上げました。

しばらく行ったところで顔を上げると、前を行く巡礼者の姿が、先ほどよりもずっと近くに見えました。その後も顔を上げるたびに、軽登山靴を履いたわたしと裸足の彼との間隔は、どんどん縮まっていきました。

このままでは追いついてしまう、そう焦り始めたころ、登るときには無視した巡礼のステーションが現れました。

突然、信心業に目覚めたわたしは、案内板の説明に従って、その周囲をゆっくりと七周しながら、主の祈りとアヴェ・マリアの祈りをゆっくりと七回唱えました。最後にゆっくりと使徒信条を唱えてから顔を上げると、裸足の巡礼者は登山道のはるか先、稜線から左に折れた辺りまで下っていました。

祈ったせいか、距離があいたせいか、満ち足りた気持ちでわたしも下山を再開し、結局は巡礼者に追いつくこともなく、帰りは一時間ほどで登山口まで戻ってきました。

聖パトリック像の前でチャチャッと十字を切って感謝の意を表すと、ウェストポートへ向かう車道まで出てザックを下ろし、靴ひもを緩め、それからアイルランドの流儀に倣ってヒッチハイクを始めました。

田舎なのでなかなか車がやってきませんが、宿の主人の話だと、他人を車に乗せるのはアイルランドじゃ当たり前とのことでしたので、通りかかってくれさえすれば問題はすべて解決する、はずでした。

その後数分の間、一台の車も通りません。

おいおい、大丈夫か。全然こないなんてことあるのか。

少し焦り始めたところに、やっと一台の乗用車が通りかかりました。

やれやれ、ようやくウェストポートに戻れるぞと、安堵しながら親指を突き出してポーズを決めました。が、その車はスピードを落とすことなく、わたしのすぐ横を通り過ぎていきました。

映画などでよく見るように、しばらく走り過ぎてから止まるのかと思い、親指を突き出したまま車の後ろ姿を目で追うと、その車はむしろスピードを上げて、道のかなたに消えていきました。

おかしいな。アイルランドじゃ車は絶対に止まってくれると言ってたのに。

またかなり時間があって、ようやく次の車が通りかかりました。わたしは前よりももっと力強く、親指を車のドライバーに向けて突き出しました。そしてまた、親指を突き出したまま車を見送ることになりました。

あれ？　アイルランドじゃヒッチハイクは簡単なんじゃないの？

その後も数台の車が、親指を突き出したわたしの目の前を通り過ぎていきました。

おいおい。アイルランド気質はいったいどうなってるんだ？

一時間近くが経過し、今日中に鉄道でウェストポートからダブリンに戻る計画なのに、果たして発車時刻に間に合うのだろうかと、焦りが最高潮にまで達したタイミングで、ようやく一台の車がわたしの衰弱した親指に反応して止まってくれました。

「ウェストポートまでいいですか？」

「オーケー」

やった。よかった。助かった。

これも聖パトリックのご加護のおかげと感謝し、急いでザックを担ぎ上げながら、心の中でチャチャッと十字を切り、ドライバーの気が変わらぬうちにさっさと助手席に乗り込むと、そこでようやく人心地ついて礼を述べました。

「どうもありがとうございました。車が全然通らないうえに、来ても停まってくれないので困っていたところでした。この国ではヒッチハイクは当たり前と聞いていたのですが、ようやく伝統的なアイルランド気質の車に出会えました」

ドライバーはアクセルを踏み込みながら笑顔で答えました。

「そうでしたか、それは大変でしたね。わたしはフランス人ですけどね」

蒼山《ツァンシャン》

老司祭はロバに乗ってチベットへ

中国雲南省大理《ダーリ》白《ペー》族自治州大理市にある洱海《アルハイ》の西岸に沿って南北約五〇キロメートルにわたり一九峰が連なる山。最高峰の馬龍峰《マロンフン》は標高四一二二メートル。雲嶺《ユンリン》横断山脈の南端に位置する。点《ディエン》蒼山とも呼ばれ、全山を覆う森林のくすんだ色から名付けられた。周辺には漢族の他に白族や彝《イ》族などの少数民族が多く住み、それぞれが独自の文化を守っている。

大学時代に基督教青年会一橋寮というところで寝食並びに酒をともにした二年後輩のM兄（寮生は年齢や学年にかかわらず互いに「兄」を付けて呼び合うのが習わしでした）が、商社に就職して北京に留学中だと聞いたわたしは、当時勤めていた学校の春休みを利用して訪中することに決め、その際のガイド兼通訳に彼を任命しました。三十年ほど前のことです。

嫌がるかと思ったのですが、意外と快く引き受けてくれたので（後で聞けば、わたしがいろいろと変なことをやらかすのが楽しみだったのだそうです）、まずはM兄のいる北京に飛び、そこで二泊して故宮や万里の長城などを案内してもらった後、飛行機で雲南省昆《クン》明《ミン》に移動しました。

二日かけて昆明の町と近郊の石林《シーリン》などを見て回り、次の日の朝早く、今度は中国製の無骨なバスに乗り込み、大理を目指しました。

リクライニングどころかクッションさえないような固くて狭いシートに二人して座り、都市部を出れば舗装も満足に施されていない国道を、ガタガタと小刻みに揺られて走るその振動で、座席の横の窓が少しずつかってに開いてしまうのを何百回も閉め直しながら、十二時間後にようやく目的の大理《ダーリ》古城《グチュン》に到着しました。

大理古城は大理白族自治州の州都大理市のいわば旧市街で、高校世界史の教科書にも記載のある南詔《ナンジョ》国や大理国の都城として栄えた、美しい街並みの残る伝統的な方形城郭都市です。

美しいのは城内だけではありません。町の東側を眺めれば、洱海という名の湖が南北に細長く横たわっており、振り返って西に目をやれば、蒼山と呼ばれる険しい山並みが洱海と平行して連なっています。古来「銀の蒼山、玉の洱海」と並び称される佳景です。

また蒼山の麓には、洱海を見下ろすように崇聖寺《チョンシェンス》三塔《サンタ》という三つの古い仏塔が間隔等しく屹立していて、大理古城を取り巻く景色に興趣を添えています。

洱海や三塔を前景に配して屏風《びょうぶ》のように連なる緑濃い蒼山の「山水如画」とも称される山容にすっかり目を奪われたわたしは、ぜひともあの山に登ってみたい、頂上から洱海や大理古城、崇聖寺三塔を眺めてみたいと思いました。

小さな大理古城の町に三泊もするので、そのうちの丸一日を蒼山登山に充てることは可能なはず、あとはM兄にいつ話を切り出すか、そのタイミングを見計らいつつ、大理初日は暮れていきました。

二日目の午前中は大理古城の城内を歩いて回ることにして、現在地を確認しつつ地図とにらめっこしていると、「大理天主教堂」という表記があるのを見つけました。天主教と言えばカトリックのことです。

カトリック信者たるもの、これは行かねばなるまいと、ガイド（M兄のこと）に先導させ、勇んで天主教堂に向かいました。

大理天主教堂は意外にも城郭内に、しかも中心部に近いところにありました。その外観は、わたしが今まで見知っていたような教会堂のたたずまいとは異なり、大理古城の街並みに完全に溶け込んでいて、インカルチュレーションを見事に先取りしたようなエキゾチックなものでした。

聖堂の中に入ると幾分かはそれらしい雰囲気が増しましたが、それでも十字架をあしらった色とりどりの小さい旗が満艦飾のように聖堂内に張り巡らされていたりして、中国や東南アジアでよく見る仏教や道教の寺院と同じように、随分と派手やかではありました。

聖堂の中をあちこち興味深く見て回っていると、老司祭を先頭に初老の男性と若い女性が聖堂の入り口から入ってきました。女性の腕には赤ちゃんが抱かれています。

途中で司祭がちらりと視線をよこしただけで、われわれが居合わせていることにはまったく頓着せずに祭壇前まで進むと、そこで幼児洗礼式が始まりました。人民服に人民帽の初老の男性を代父に、ジャージ姿のお母さんに抱かれた赤ちゃんが、白い祭服に金色のストラを着用した小柄な老司祭から聖水を注がれる様子は、わたしの知る日本のカトリック教会での幼児洗礼と同じでした。

式が終わるまで同席させてもらい、それから改めて司祭に「日本から来たカトリック信者です」と自己紹介しました。M兄が通訳すると、それまで若干警戒している様子だった司祭の顔つきが和らぎ、執務室に招き入れてくれました。

そういう機会が少ないのか、老司祭は年齢ゆえにかすれた小声ではあったものの、自身のことを思いのほか饒舌《じょうぜつ》に、思いがけず英語で話してくれました。

曰く、「自分は八十歳を過ぎているがなんとか頑張っている。半世紀以上前に香港の神学校で勉強した。使徒座に忠誠を誓う本物のカトリック司祭だ」。

そして、ヨハネ・パウロ二世のぼろぼろになった写真を手帳の間から取り出すと、両手を器のように合わせたその上に愛《いと》おしそうに乗せて、宝物を見せるようにそっとわたしに差し出しました。

普段はずうずうしいわたしですが、このときはさすがに手に取ることははばかられ、居ずまいを正してからヨハネ・パウロ二世の見慣れた顔を恭しくのぞかせてもらいました。

その間、老司祭は何度も何度も、自分はローマ・カトリックの司祭であることを強調し、最後には「パーパ、パーパ」とうわごとのように繰り返しながら写真を見つめていました。それから再びそっと写真を手帳に挟み直し、大切そうにまた上着のポケットにしまい込みました。ふと見ると、彼の目には涙があふれていました。

わたしも東京でヨハネ・パウロ二世のミサにあずかったことなどを話したので、親近感が湧いたのか、今度は書棚から古びた大きな地図を持ち出してきて仕事机の上に広げ、あちこち指差しながら何やら説明してくれました。しかし地名の発音は中国語、表記は簡体字なので、正直よく分かりません。

黙って地図をにらんでいるわたしが実はちゃんと理解していないと気付いた老司祭は、地図から顔を上げ、外していたメガネをかけ直すと、地図上の広範囲に指で大きく輪を描き、「チベット、チベット」と何度も繰り返すのでした。中国語の説明を聞いていたM兄が、「えっ」と声を上げて驚いた後、わたしに通訳してくれました。

「明日から数か月かけ、ロバに乗ってチベットの教会を回ってくるんだそうです」

わたしも同じく「えっ」と声を上げて驚いたので、老司祭はわたしが理解したことに満足したのか、再びメガネを外して地図に顔を近づけ、数か月の大旅行の道程を丁寧に説明し直してくれました。

まず大理を指差し、それから蒼山を回り込み、こう通ってここからここへ行き、次にこう行ってここに着き、と指を滑らせていきます。明日から始まる難儀な道中を想ったのかときどきため息をついたりするので、心配になって顔をのぞき込んだのですが、その目には八十歳を超えているとは思えない輝きが見て取れました。

天主教堂を辞去して外に出ると、立ち並ぶ家々の屋根の向こうに蒼山が見えました。西の空に衝立《ついたて》のように立ち塞がっている蒼山を眺めながら、その向こうはるかかなたに広がるチベットに思いをはせ、あの老司祭の顔を思い出しながら、福音宣教という行為の困難と希望を、今一度心の中で思い巡らしてみたりしました。そして、わたしも明日は必ずや蒼山に登り、山頂からチベット方面を遠望し、そこに向かって出発する老司祭を見送りたいと強く願ったのでした。

幸いなことに、軽登山靴とザックといういでたちで中国に来ています。時間も明日は丸一日空いています。あとはこの蒼山登山計画をM兄に打ち明けるだけです。外国人向けの店が並ぶ洋人街をぶらぶらと歩きながら、わたしは告白のときを昼食後に定めました。大食漢の彼は、胃袋が満たされているときは機嫌がよいからです。

しばらく歩くうちに案の定、「伊藤兄、おなかがすきました。何か食べましょう」とM兄が仏頂面で訴えてきました。

早く登山計画を確実なものにしたいと考えていたわたしですから、異存はありません。店選びはM兄にまかせて後をついていくと、彼はすぐに外国人旅行者相手のあか抜けた食堂を見つけ、「ここでいいですか」と尋ねながら、わたしの返事を待たずにさっさと店に入っていきました。

テーブル三つでいっぱいになるような狭い店内でしたが、意外にも英語の他に日本語のメニューが壁に貼られていて、しかもカレーライスとかカツ丼とかヤキソバとか、まさかこんなところでと思うような郷愁をそそる料理名が並んでいました。

旅行先では基本的に地元の食べ物を選ぶわたしですが、日本から遠く離れた大理の町で、日本の庶民的な料理がいったいどんな味で出てくるのか試してみたくなり、注文をカツ丼に定めて店員を呼びました。

入り口近くでラジオを聞いていた若い女性が立ち上がり、とびきりの笑顔で近づいてきました。M兄が中国語で注文した後、さらに何やら問いかけると、それに対して彼女は笑みを絶やさず丁寧に答えてくれています。M兄は相好を崩しニヤけた顔でまた何か尋ね、彼女はそれにまた笑顔で応じ、さらにニヤニヤ度を増したM兄が通訳の任務も忘れてデレデレとまた何か話しかけ……、そんなやり取りが数分間繰り返されました。なんだか旧知の間柄のようにすっかり打ち解けて続く二人の会話に、一人おいてけぼりをくらったわたしは業を煮やしてストップをかけました。

「ああ、すみません。いや、なんで日本語メニューが貼ってあるのか聞いたら、日本人客も多く来店するので、仲良くなったお客さんに書いてもらったんだそうです。日本人はやさしいから大好きで、店番がない日には普通の観光客が行かないような穴場を案内してあげることもあると言うので、われわれも案内してもらえないか交渉していたんです」

M兄がわたしに通訳している間も彼女はニコニコしながら、われわれ二人の顔を交互に見比べています。

「それで?」

がぜん興味が湧いてきたわたしは勢い込んで尋ねました。

「今日はだめだけど、明日なら休みなので案内できるそうです。どうしますか?」

わたしは彼女の方に向き直って言いました。

「お願いします」

大理のカツ丼は明日への期待で味付けされ、日本で食べるそれとはまったくの別物であったにもかかわらず、とびきりおいしく感じられました。

昼食を終えた後も立ち去りがたく、しばらく彼女との雑談にうつつを抜かしていましたが、その間もサービスだと言って滇茶《てんちゃ》を出してくれたりするので、もう完全に虜《とりこ》となってしまったわれわれは、夕方近くまでその店に沈殿し続けたのでした。

そろそろ行かないと名物のラクダ市が終わってしまうかもしれないということで、ようやく重い腰を上げて店の外に出た後も、手を振りながら見送ってくれている彼女に、後ろ歩きまでしていつまでも手を振り返したりするわれわれでした。

ラクダ市は、蒼山を間近に仰ぐ城外の広い空き地で行われていて、たくさんのラクダと大勢のラクダ商人が集まっていました。商人たちと同じような顔つきのわれわれも、大した違和感なくその集会に紛れ込むことができましたが、「動物園で見たのと同じだな」などとつぶやきながらちょろっと見て回っただけですぐに興味を失い、早々に引き上げてくると、もう頭の中は翌日のことしかなくなってしまい、英気を養うべく大きなレストランに入って郷土料理の砂鍋魚《シャゴイ》と地ビールで前祝いと洒落込みました。

明日への期待で胸いっぱい、ビールと料理で腹いっぱい、満たされた気分で床に就いたその夜中、突然の腹痛に目が覚めました。ガイド（M兄のこと）を起こさないように静かにトイレで用を足し、ベッドに戻って眠りについた一時間後、再びの腹痛でまた目が覚めました。再び静かにトイレで用を足しベッドに戻ったものの、今度は痛みが残ってなかなか眠れず、苦悶《くもん》しながら原因をあれこれ考えてみました。

最初に疑ったのは地ビールでした。こんな奥地で造られるビールは殺菌が甘いんじゃないかと思ったのです。次に疑ったのは砂鍋魚でした。よく分からない具材が土鍋に山盛りで入っていたのを二人で全部平らげたからだと推理しました。

しかし、疑わしいのは当夜の食事だけではありませんでした。思い返せばこれまで、豚の血とかカエルや犬の肉とか、日本ではお目にかかれない食材を喜々として頬張っていたので、それがたたった可能性もあります（ただ、大理ふうカツ丼だけは疑う気になれず、容疑者リストから除外しました）。

いずれにせよ、普段口にしないものを大量に摂取し続けていたのですから、おなかが痛くなるのも当然かもしれないと思っているうちに、一時間たってまた激しい腹痛が始まりました。

尾籠《びろう》な話で恐縮ですが、一晩に三度目ともなるとトイレに行ってもほとんど実りはありません。ベッドに戻り横になっても痛みは消えず、そうなると今度は不安が頭をもたげてきました。どんな病気なのかとか、いつまで続くのかとか、そういった不安もないわけではありませんでしたが、何より大きかったのは、翌日案内してくれる食堂の彼女と一緒にちゃんと歩いて回れるのだろうか、という不安でした。

腹痛と不安に同時に襲われ、ますます苦悶していると、それまですっかり忘れていた人物の顔が突然目の前に浮かんできました。

「あ、神父様……」

蒼山に登ってその頂からチベットへ向かう老司祭を見送るという翌日の計画を、わたしはすっかり失念してしまっていました。いや、正確に言えば、覚えてはいたのですが、遺憾ながら断念してしまっていました。いやいや、正直に言えば、悩んだ末に登山を諦めたのではなく、若い女性のプライベートガイドに誘引され、躊躇なくあっさりと計画を放棄してしまっていました。

裏切ってしまった老司祭の顔が思い浮かんでから、たくさん食べ過ぎたとか変なものを食べたとか、そうした肉体的な原因とは別に、もっと霊的なところに重大な落ち度があったような気がし始めました。

ほぼ一時間おきに襲われる渋り腹に、己が意志の薄弱さ、年老いた司祭より若い女性を選ぶ浅ましさに対する自責の念も加わり、その後は腹と胸の両方が痛んで、一睡もできないまま朝を迎えました。

お百度参りのように夜通し繰り返されたわたしのトイレ通いにもかかわらず、一度も目を覚まさなかったガイドは元気そのもので、相変わらずの腹痛と胸痛で食欲などまるでないわたしを部屋に残して、一人で朝食を食べに出ていき、戻ってきたかと思うと小奇麗《こぎれい》に身支度を整えながら、「伊藤兄、出られますか？　無理ですよね。じゃあ、ぼく一人で案内してもらってきますね」と言い放ちました。

おまえはわたしのガイドではないのか、なぜガイドがガイドしてもらうのかと不満でしたが、残ってもらってもすることがないので、しかたなく単独行動を許諾して、わたしは再び布団に潜り込み、一時間に一回のトイレ通いを続行しました。

夕方近くなってようやくガイドが、それはそれはうれしそうな顔で帰ってきました。「いやあ、大理の町は最高でしたよ。城外に出て、胡蝶《フーディエ》泉《チャン》や崇聖寺三塔に連れていってもらいました。あと、彼女の実家の古い白族の民家も見せてもらいました。いやあ、珍しい体験しちゃいました」と、人が苦しんでいるというのに、きわめて上機嫌でニヤニヤしているのが、腹立たしくてしかたありませんでした。

翌日、渋り腹が多少治まったように感じたので、寝台バスを予約してもらってから、遅い昼食を取りに例の食堂に行きました。

丸一日を二人で一緒に過ごしたせいでしょう、ガイドは妙に気安い感じで店番の女性と挨拶を交わし、わたしなどほったらかしで中国語会話を楽しんでいました。なんとかそこに割って入ろうと頑張ったのですが、無理して昼食を食べたせいかまた少しおなかが痛くなってきて、食後、見送ると言ってついてきてくれた彼女に、公衆便所まで道案内してもらう始末。個室のない集団トイレで用をすませ、苦しさと惨めさとカッコ悪さを引きずりながら、力なくバスに乗り込んだのでした。

当時の寝台バスというのは、日本のバスより一回り小さい車内に、蚕棚のような二段ベッドが後付けでしつらえられた代物で、当然ながらトイレなどついていませんでした。渋り腹はなんとか治まっている様子でしたが、いつまた暴れ出すか分からず、これに乗って十二時間無事に過ごせる自信はまったくありませんでした。

走り出したバスの窓から、相変わらずの笑顔で手を振り見送ってくれている彼女に、ガイドは力強く、わたしは力なく手を振り返し、その姿が見えなくなった後もそのまま気を紛らわすべく遠くを眺めていると、裏切ってしまった蒼山が見とがめるようにずっとついてくるので、胸の痛みが再発し、それにつられて腹痛もぶり返してきました。

しばらくして下関《シャクァン》鎮《ジェン》という大理の新市街に入ったところで、不安に駆《か》られたわたしはM兄に下車を申し出ました。

さすが新市街は活気があり、ビジネス客用なのか大きなホテルをM兄が見つけてくれて、そこに泊まることにしました。
食堂の娘と別れてようやくガイドらしい仕事ぶりに戻った彼は、わたしを部屋に残してフロントまで出向き、医者の手配を依頼してくれました。
数分もたたないうちに、ホテル専属だという医者がよれよれの汚い白衣にくわえタバコで登場し、わたしが伏せっているベッドの足元に仁王立ちすると、通訳（M兄のこと）が間に入って問診が開始されました。
医者「（中国語）」
通訳「『どうしたのだ』と聞いてます」
わたし「おなかが周期的に痛くなる」
通訳「（中国語）」
医者「（中国語）」
通訳「『何か思い当たる原因はあるか』と聞いてます」
わたし「豚の血か、カエルの肉か犬の肉か、砂鍋魚か、地ビールか」
通訳「（中国語）」
黙って聞いていた医者は、タバコをくわえたまま汚い白衣の胸ポケットからペンを抜き取り、部屋にあったメモ用紙にさらさらと何か書き、それを雑に破り取って通訳に突き出しました。

通訳はメモを受け取って読むと、笑いながらわたしにも見せてくれました。

漢字文化圏の民族同士、筆談で意思疎通できるのは本当にありがたいことです。医者が見せてくれたメモには、わたしにも分かる漢字でこう書いてありました。

「急性腸胃炎」

日本では胃腸炎だろうに、同じ漢字文化圏でも微妙に違うんだなあ、などと妙なところに感心しつつ、治療法を聞いてもらいました。

医者との間でまたしばらく中国語のやり取りをした後、通訳が珍しく眉をひそめたので、どうしたのか尋ねると、「いやあ、この医者は『そんなもん、点滴をすれば一発で治る』と言ってるんですが、どうかなあ……」と言い、それから「うーん」とうなって腕を組み首をひねりました。

「何？　何が問題なの？」

「点滴の針、中国では使い回しの可能性が高いんですよね。肝炎とかうつらないか、ちょっと心配ですね」

三十年前の中国です。さすがにそれは怖いなと思っていると、彼が中国語でまた何か医者に問い、医者がうなずきながらそれに答えるというやり取りが数往復ありました。

わたし「何？　なんだって？」

通訳「『点滴の針は使い回しか？』と尋ねたら『そうだ』と答えたので、『感染が心配だ』と伝えたら『まあな』と言われました。『この日本人は教師で、五日後には学校に戻っていなければならないから、点滴以外のどんなことをしてでも下痢を止めてほしい』と懇願したら、『とにかく止めればいいんだな。分かった。まかせろ』と言ってます」

細かいことまで通訳してくれるM兄の存在を過去最高にありがたく思いながら、何をするのか多少の不安もあって医者の一挙手一投足をベッドから見つめていると、医者はよれよれの白衣のポケットから大小二つのガラス瓶を取り出して、机の上で大きい瓶から小さい瓶に何かを匙《さじ》で移し、振り返るとそれを得意げに掲げて見せました。瓶の中には直径三、四ミリの黒い丸薬がたくさん入っています。小ぶりの正露丸といった感じです。

わたしは言いました。

「日本から持ってきた正露丸を三日間飲み続けてたのにまったく効かなかったんだよ。その偽物みたいな薬じゃ全然だめだと思うんだけど」

通訳が中国語で説明すると、医者は大声で何やら言い返してきました。

「なんだって？」

わたしの問いに通訳は苦笑しながら教えてくれました。

「『中国四千年の歴史をなめるな』と言ってます」

医者はこれで十分という顔で何やら診断書のようなものを書き終えると、薬の瓶をトンと机に置き、ものすごい長さになったタバコの灰を落とすこともなく、よれよれの汚い白衣をひるがえして颯爽と部屋を出ていきました。

半信半疑ではありましたが、処方箋に従って丸薬を五つ飲み込むと、その晩は何も食べずにそのまま眠りにつきました。

翌朝九時ごろにようやく熟睡から目覚めると、腹痛はうそのようにすっかり消えていて、代わりに猛烈な空腹が襲ってきました。

M兄にその旨伝えると、一人で既にあちこち探索してきたので食堂は見つけてあると頼もしいことを言って、ホテルの一階にある大きな食堂に案内してくれました。

メニューを見ると、同じ漢字文化圏ですので、料理の内容はなんとなく分かります。どれも食欲をそそる料理名にあれこれ目移りしていると、M兄がニヤニヤしながら、「伊藤兄、まだお粥《かゆ》とかにしておいた方がいいんじゃないですか」とブレーキをかけてくれ、さすがにわたしも自重することにして、中華粥を注文し、丼鉢にたっぷりのそれをペロリと一人で全部食べきったところで、心から中国四千年の歴史をたたえたのでした。

腹痛も治り、空腹も満たされてすっかり元気になったわたしは、店を出て大通りに立つと、腰に手を当てながら改めて周囲の様子を眺め回しました。

活気あふれる下関鎮の大通りの先に、ちらりと山陰がのぞいています。南下してようやく高度を落とした蒼山連峰南端の裾野です。

あの山を拝めるのもこれが最後かと思ったとたん、そのはるか向こうのチベット目指して数か月の旅に出た老司祭のことをまたまた思い出しました。山頂から見送ることはかなわなかったけれど、今ここで蒼山の裾野を眺めながら老司祭の旅の安全を祈ってあげようと、虫のいいことを考えて山陰を見つめ直すと、尽き果てる間際の蒼山はわたしに向かって、「もう遅いよ」とつぶやいた、そんな気がしたのでした。

後日談ですが、急性腸胃炎が完治したわたしは、昆明や上海で中華料理の絶品珍品を堪能しまくって帰国したその翌日未明に、大理でのそれに匹敵する激しい腹痛に襲われて救急病院で夜間診療を受けました。中国で下痢と腹痛が続いたので薬をもらって飲んだことを伝えて現物を見せたら、レントゲンを見ていた医者は合点がいったのかうなずきながらこう言いました。

「下痢止めが効きすぎて便秘になってますね」

中国四千年の歴史を改めて思い知らされた次第です。

スケリッグ・マイケル

ケルト魂が宿る孤島の修道院

アイルランド西部ケリー州アイベラ半島の沖合約一二キロメートルの大西洋上に浮かぶ岩山。標高二一八メートル。「(大天使)ミカエルの岩山」の意味で、ゲール語ではシュケリッグ・ヴィヒル。すぐ近くに浮かぶリトル・スケリッグに対してグレート・スケリッグとも呼ばれる。山頂付近には中世初期の修道院の遺跡があり、世界遺産に登録されている。映画『スター・ウォーズ』シリーズのロケ地にもなった。

三十代の半ばころ、勤めていた学校の夏休みを利用してアイルランドを再訪し、車で一周したことがあります。

ダブリンに入って何泊かした後、拙い英語力ゆえの厚かましさで「三週間も借りるのだからまけてくれ」と訴え、見事に値切ってレンタカーを借りると、内陸に入ったり海沿いに出たりしながらアイルランド東岸を徐々に南下し、ウェクスフォードまで来たところで今度は南岸沿いに西進して、一週間後にはアイルランド南西端のコーク州からケリー州に入りました。

ダブリンのパブなどでうだうだしていると、「こんなところにいないで西へ行け」とよく言われたものですが、その言葉どおり、共和国第二の町コークを過ぎた辺りから車窓には風光明媚《ふうこうめいび》な景色がずっと続くようになり、その美しさに心が洗われていくのを実感しました。

たおやかな山並みと麗しい湖と小さな街と多くの観光客とより多くの宿と多すぎる客引きという取り合わせが、どことなく箱根を想起させるアイルランド随一の観光地キラーニーに宿を取った翌日は、大英帝国ヴィクトリア女王の侍女たちがその眺望に感動したという山上の景勝地レディース・ビューを経て、標高一千三十八メートルのアイルランド最高峰カラントゥーヒルを右手に、リング・オブ・ケリーと呼ばれる環状に設定された観光周遊路に入りました。

あちこち停車しては、ケンメア湾の青い海、対岸のベラ半島や背後のアイベラ半島の緑の山々、点在する白壁に藁屋根の家などの写真を撮りまくりながらドライブを続け、ウォーターヴィルというチャップリンの愛した村の先で周遊路を左にそれて、アイベラ半島の最西端にある小さな港町ポートマギーに到着しました。

こんな何もない町になぜ立ち寄ったのかといえば、今回のアイルランド一周の旅で絶対に行きたかった場所の一つであるスケリッグ・マイケルに渡る船が、この町の港から出ているからでした。大学時代にアイルランド中世キリスト教史について論文を書くため、あれこれ調べている中でこの島の修道院の存在を知り、いつかは実際にこの目で確かめたい、巡礼してみたいと思うようになっていたのです。

小さな町の小さな港には小さな観光案内所があり、そこでスケリッグ・マイケルに渡る翌朝の船の情報を得て予約をすませ、近くに宿も見つかってひと安心、その夜もアイルランドならどんな小さな集落にでも必ず一軒はあるパブに繰り出し、この辺りではギネス以上によく飲まれているコーク産のスタウトビール、マーフィーズを夕食代わりに満腹するまで飲み続けたのでした。

翌朝、窓から差し込む朝日に起こされ、多少二日酔いぎみではあったものの、腹が減っては巡礼はできぬとボリュームたっぷりのアイリッシュ・ブレックファーストを全部平らげてから、前日確認しておいた港の船着き場に向かいました。

アイルランド滞在が長くなるにつれて予想がつくようにはなっていましたが、案の定、約束の時刻よりもかなり遅れて船長が車で到着、「急いで行っても島の上陸地点で待たされるだけだから」などと弁解を聞くのももどかしく、最大搭載人員わずか十二名のちっこい船に促されるまでもなくさっさと飛び乗り、行動と態度で船長をせかしてようやく出航と相成りました。

雨や風の日が多いアイルランドの、特に大西洋側です。波が高いと船が島に接岸できないのでキャンセルになることも多いと、宿で聞かされていました（事実、後に知り合ったアイルランド在住の日本人ガイドは、何回もトライしたけれど一度も渡れたことがないと言っていました）。しかし、この日は穏やかな天候に恵まれ、遅れた以外は上々のスタートを切ることができました。

小さな港を出てヴァレンティア島との間の狭い水路を抜けると、そこはもう大西洋です。好天とはいえ結構うねりがあって上下に揺れ始めましたが、遅刻の汚名返上をもくろんでいるのか、船はそのままかなりのスピードで水しぶきをザバザバと上げつつ、沖に向かって飛ぶように進んで行きました。

最初は水平線にちょこんと頭を出しているだけだった大小二つのスケリッグ島は、一時間近くたったころには眼前に並んで大きくそそり立って見えるようになり、そしてまずは左側のリトル・スケリッグに最接近しました。

八月だというのに、島の上部は薄雪をかぶって白く輝いています。ゆっくり見てもらおうという船長の心配りなのか、エンジン音が低くなり船が幾分減速したので、揺れが小さくなりました。チャンス到来。島の様子をじっくり観察するために、わたしは船縁《ふなべり》から身を乗り出しました。

鋭くとがった島のてっぺんを見上げた瞬間、いきなり飛蚊症《ひぶんしょう》になったかのようなうっとうしさを感じました。めまいのようでもあり、船酔いしたのかとも思いました。いったい何事かと、もう一度目を凝らしてよく見てみると、おびただしい数の海鳥がぐるぐると島の頂を旋回しているのが分かりました。

わたしはすべてを悟り、呆《ほう》けたようにあんぐりと開けたままだった口を急いで閉じました。雪のように見えていたのは、実は岩場に止まって休んでいる何万羽もの白い海鳥と、彼らが排泄《はいせつ》した白い糞《ふん》だったのです。

一見好ましく見えるものも、しっかりと識別しないと正体を見誤るということ、あるいはまた、正体を見破ろうなどとせずにぼんやりとしていれば、どんなものでも好ましく見えるということ、大西洋に浮かぶ白い小島で、わたしは一度に二つの教訓を得ました。

後で調べたところによると、このリトル・スケリッグは海面から標高百三十四メートルの山頂まで切り立った断崖絶壁で囲まれているうえに、自然保護区に指定されていて人間は上陸することが許されておらず、鳥類にとってはすこぶる安全な島なので、特にシロカツオドリの世界的な繁殖地となっており、その数およそ三万ペアがこの島で営巣《えいそう》しているのだそうです。

波打ち際の岩棚にはアザラシものんびり寝そべっていたりして、なかなかにワイルドな島なのでした。

そこからさらに西南西に一キロ半、十分ほどでリトル・スケリッグよりももっと高く険しく、ピラミッドのようなシルエットを海上に突き出しているグレート・スケリッグに接近し、そしてついに「盲人の入り江」にある断崖直下の船着き場に到着しました。

似たような形の小型ボートが既に何艘《そう》か集まっています。一艘は接岸して乗客を上陸させているところで、残りの船は少し離れて順番待ちをしています。

船長の遅刻で後れを取ったわれわれの船もしばらく待たされた後、いちばん最後にようやく接岸し、波打ち揺れる小船からタイミングを見きわめて飛び移るように上陸を果たすと、「帰りもおれのボートが最後だからゆっくり楽しんでこい」という船長の言い訳がましいアドバイスを背中で聞きながら、立ち止まることなく登山を開始しました。

初めのうちは断崖絶壁に張りついてへずるように道が続きますが、島の反対側の「アザラシの入り江」にある灯台までいたるこの道自体はきちんと整備されていて幅もそこそこ広く、等高線にほぼ並行していてたいした傾斜もなく、海側には割としっかりした石垣が施されているのであまり不安には感じません。ただ、下をのぞき込めば岩壁が海までほとんど垂直に落ち込んでいて、これには思わず息をのんでしまいました。

石垣のすぐ下のひさし状の岩の上には、たくさんのカモメやミズナギドリ、ウミガラス、パフィンなどが羽を休めていて、一メートルかそこいらの距離で目が合っても、絶対に手が届かないのが分かっているのか、まったく動じません。あまりのふてぶてしさに少し憎たらしくも感じましたが、おかげで日本では見たことのないパフィンの可憐《かれん》な姿を肉眼でまじまじと観察することができました。

「十字架の入り江」をぐるっと回り込んで断崖絶壁をへずり終えると、大きな岩が散在する草付きの広い斜面に出ました。ここでそれまでのしっかりした道を離れ、草原を上っていく石段の小道に入ります。この石段は、千年以上も前に岩から切り出した硬い石の板を積んで作られたもので、しばらくは草の斜面を横切って斜めに上っていく感じでまだよかったのですが、真ん中辺りまで来たところで突然直角に曲がって真上に向きを変え、急傾斜のハードな直登が開始されました。

一直線に天に向かって伸びているかのようなこの石の階段を、一歩一歩呼吸を整えながらしばらく登ったところで、上の方から若いカップルが下山してくるのに気付きました。女性は足をけがでもしているのか、石段に座ってお尻をつけたまま、スカートを引きずりながら一段一段ずり落ちるようにして降りてきます。彼氏はといえば、何段か先にすたすたと降りた後、振り返って彼女が降りてくるまで待つことを繰り返しています。もう少し近づくと、彼氏があきれ顔で彼女の様子を見たり、うんざりした表情で目をそらし空を見上げたりしているのが分かりました。

「なんだか随分冷たい男だなあ。彼女がけがをしているなら、肩を貸すなり背負うなりしてあげればいいのに」

自分は彼女もいないくせに偉そうに、心の中でそんなふうに男性を批判しながら、いよいよカップルと擦れ違うところまで接近しました。

わたしが横を通り過ぎるのを、石段に座ったままやり過ごそうとしている彼女の目には、涙があふれていました。何事かといぶかって今度は彼氏の方を見ると、一瞬目が合いましたが、すぐに彼は目をそらしてしまいました。いったいどうしたのでしょう。二人はけんかでもしているのでしょうか。

仲裁しなければいけないような雰囲気とも違ったのでそのまま通り過ぎたものの、さらに何段か登ったところで気になって二人の方を振り返って見たときに、初めて彼女の不可解な行動の理由が分かりました。

見下ろした視線の先には、石段が急斜面の真ん中をまっすぐ落ちていくように下っていて、傾斜がさらにきつくなる辺りで道が左に折れて視界から消えたその向こうには、大西洋の青黒い大海原がただただ広がっているのでした。

実際にはそんなことにはならないのでしょうが、石段を踏み外してひとたび転んだりした日には、そのまま止まらずにゴロゴロと転がり続け、最後には海にぽーんと放り込まれてしまうように思えて、高所恐怖症であろう彼女は腰が抜け、足がすくんでしまったにちがいありません。山の上を目指して登っている分にはまったく気付かなかったこの光景、まさに「行きはよいよい、帰りは怖い」なのでした。

彼女が船着き場まで無事に下山できるかどうか、そして二人が今後も仲良くやっていけるかどうか、余計なお世話だとは知りつつも心配しながら、山上を目指してなおも一直線に登高し、標高百三十メートルほどの「キリストの鞍《くら》」あるいは「キリストの谷」と呼ばれるU字形の鞍部《あんぶ》で、標高二百十八メートルの最高峰サウスピークを左に見送り、北東にある標高百八十五メートルの第二のピークを目指してひたすら登り続け、船を降りてから約一時間後、六百十八段の石段を登り終えて道が水平になったところで、ついに頂上直下の肩の位置にある修道院遺跡の小さな石の門に到達しました。

門のすぐ右側は断崖となって海に落ち込んでいて、その先には鳥とその糞を頂いて雪のように白く輝くリトル・スケリッグの島影が洋上に浮かんでいるのが見え、さらにそのはるか向こうには「エメラルドの島」という雅称《がしょう》にふさわしく緑にかすむアイルランド本土が横たわっているのが遠望できました。

門をくぐった先には、ヨーロッパで最も古くて最もすばらしい修道院の遺跡が待っていました。強固な石積みの塁壁《るいへき》に囲まれて、小さな僧房が六つ、小礼拝堂が二つ、ラーハトが三つ、大きな十字架が三つ、貯水槽が二つ、墓地が一つ、聖堂が一つ、頂上直下の狭い岩棚にひしめき合っています。

僧房はビーハイヴと呼ばれる蜂の巣形状の住居で、石でできたかまくらみたいな感じです。ドライストーンといって、扁平《へんぺい》な割り石を屋根の中心に向かって持ち送りで正確に重ね合わせて空積みで積み上げただけの構造で、モルタルなどの接着剤は一切使われていませんが、六棟のうち五棟はほぼ完全な姿を今に残しています。

小礼拝堂も同じくドライストーンで作られていますが、僧房の屋根が丸みを帯びているのに比べて、こちらはもう少し傾斜が急で船をひっくり返したような形をしています。僧房と同様、二つの小礼拝堂も往時のまま崩れることなく立っています。

ラーハトというのはゲール語で、ここではアイルランドの初期キリスト教に固有の石造記念物を指しています。僧房や小礼拝堂と同じくモルタルを使わずに石を粗く積み重ねただけの四角い囲い地なのですが、それが何のためのものなのかはまだ解明されておらず、埋葬地であるとか、聖人をたたえる場所であるとか、祈りの場であるとか、諸説あるようです。

各ラーハトのそばには一つずつ、人の背丈に近い高さの十字架が立っています。それらは皆、薄くて細長い一枚の大きな石板の表面や側面を粗く削り、文様を彫り込んで作られていますが、未完成のようにも見え、十字架というよりは石碑のようです。

貯水槽は、川も池もなく、雨が降ってもそのまますぐに崖下の海に流れ落ちてしまって水たまりさえできないような、切り立った急傾斜のこの島で生き抜くためには必須の設備でしょう。ただし、雨だけは嫌というほど降りますから、貯水槽さえ作ってしまえば、後は水に困ることなどなかったと思われます。

墓地は、僧房や小礼拝堂と同じくらいの面積の長方形で、低い石囲いが施されており、その長辺にはそれぞれ小さな墓石が十数基ずつ向き合ってずらりと並んでいます。

聖ミカエル聖堂は、この遺跡の中では最も新しく、十一世紀前後に島外から運び込まれた砂岩を使って建てられています。僧房や小礼拝堂とは異なりモルタルが使用されているのですが、大半が崩れ落ちてしまっています。改めてドライストーンの堅固さに驚かされます。

アイルランド本土から海を越えてわざわざこんな岩だらけの島に渡り、さらにはそのてっぺんにまで登って、そこに石積みの小屋を建てて住みついたのは、隠遁修道士と呼ばれる人たちでした。彼らは神との一致のために孤独を求めて世を捨て、神以外には目もくれず、現世的な欲望や物質的な快適さをすべて放棄し、俗世間の罪を贖《あがな》うべく祈りと断食による英雄的な自己犠牲を完遂するためにここまでやってきたのでした。

ほぼ完全な自給自足の生活で、魚や海鳥をとって食べたり、「キリストの鞍」のわずかな平地で海藻を肥料に使って小さいながらも豊かな菜園を耕したりして、それなりにうまく生き延びていました。たまにやってくる舟に海鳥の卵や羽毛、アザラシの肉などを提供し、穀物や道具類、皮革《ひかく》などと交換することもありました。皮革は修道生活において、聖書や宗教的な書物を写本するためのヴェラム（犢皮紙《とくひし》）を作るのに欠かせないものでした。

このような極限的な自然環境の中に彼らがわざわざ身を置くことを望んだのはなぜかといえば、五世紀に聖パトリキウス（パトリック）によってアイルランドに伝えられたキリスト教が、六世紀から八世紀の間に巡礼と殉教を重視する独特の霊性を培っていったことに起因すると考えられています。

マタイ福音書十六章二十四節にある「わたしについてきたい者は、自分を捨て、自分の十字架を背負って、わたしに従いなさい」というイエスの呼びかけへの応答を信仰生活の実践基準と捉え、三タイプの殉教、すなわちキリストのために命そのものを差し出す「赤の殉教」、キリストのために自己の愛着するものをすべて断ち切る「白の殉教」、そして厳しい罪の罰と償い、すなわち贖罪《しょくざい》苦行《くぎょう》の辛苦において自己の欲望を断つ「緑の殉教」が案出され、特に「緑の殉教」というアイルランド独自の信仰表現がスケリッグ・マイケルのような過酷な、しかし当人たちにとっては理想的な環境を求めて彼らを旅立たせる動機になっていたのです。

この島の修道院は聖フィナン（フィオナン）が六世紀に創立したとされていますが、伝説の域を出ないようです。年代記には八世紀に最初の言及が見られるものの、それ以降は八二三年にバイキングが襲来し、エトガルという名の修道院長が身代金目当てに捕まって連れ去られ、目的が達成される前に、間もなく飢えと渇きで死んでしまったこと、八三八年に再びバイキングに襲われ略奪されたこと、八八二年に修道院長フランが、九五〇年にブラーマクが、一〇四四年に敬虔な修道司祭エードが死んだことくらいしか記録に残されていません。

また、遅くとも一〇四四年までには大天使聖ミカエルの名を冠する修道院になっていたようですが、気候条件が悪化したため、島の共同体は十二世紀に本土のアイベラ半島西端に移り、それ以後は隠遁修道士が単独で渡ることがたまにあっても、島は基本的には放棄されて無人になりました。ただ、聖堂や墓地は維持されて埋葬の地として利用されたので、次第に「埋葬の島」とか「亡霊の島」とか呼ばれるようになっていきました。

十三世紀初めに、アイベラ半島の共同体がノルマン系のアウグスチノ修道会に所属して聖ミカエル・バリンスケリッグス修道院と呼ばれるようになると、もともと共同体があった島は、最後の審判の仲介者である大天使聖ミカエルに奉献された岩山「シュケリッグ・

ヴィヒル」として、この修道院の管轄下に置かれるようになりました。

十五世紀には、この島の修道院跡の中心に位置する十字架とラーハトが巡礼の対象とされ、海が穏やかなときを見計らって苦行のために巡礼者が渡ってくるようになり、それは十六世紀まで続きました。

十八世紀になると、考古学的関心やケルト・ロマン主義の風潮からこの「聖なる島」が再発見され、ヨーロッパ大陸からも巡礼者が訪れるようになり、そして二十世紀末、ついに地球の裏側から聖地巡礼を志す日本人（わたしのこと）が苦労してここまでやってくるにいたったのでした（聖地巡礼といっても、映画『スター・ウォーズ』シリーズの何作かがここで撮影されたのはわたしの訪問より十年くらい後のことですから、ファンが思い入れのあるロケ地を探訪する当世風のいわゆる「聖地巡礼」ではありません。かといって、贖罪苦行の辛苦において自己の欲望を断つ緑の殉教の霊性を受け継ぐような大それたものでもありませんが……）。

禁欲的な修道実践の場としていかにもふさわしく見える僧房や小礼拝堂の扉のない小さな入り口から中に入ると、湿度はそれほど感じないのですが、その分いくらかほこりっぽく、外の荒々しい自然からは確かに安全に守られている気はするものの、本当に狭いし暗いし、決して快適な瞑想《めいそう》を提供してくれるような環境ではありません。雲や霧にすっぽりと覆われ、はるか下の方の海で岸壁に打ち付ける波の音や、草付きの急斜面を吹き上がりとがった岩に切り裂かれる風の音、そこここでもの悲しげに響く海鳥の叫び声に取り囲まれての修道生活には、よほどの覚悟と強い精神力が必要だったでしょう。アイルランド本土から遠く離れた峻険《しゅんけん》な小島の山頂直下の岩棚にへばりついたこんな蜂の巣の中で、自らのすべてを神にささげ、生涯を祈りと断食だけに費やす決意がただごとではないことが、ひしひしと伝わってきました。ジョージ・バーナード・ショーが一九一〇年にここを訪れた際に、「信じがたい、あり得ない、狂った場所」、「わたしたちの夢の世界の一部」と評した気持ちがよく分かります。

僧房が立ち並ぶその先の小礼拝堂のさらに向こう、修道院の敷地のいちばん奥に、四角くて背の低い石積みの門があるのを見つけ、出口かと思って行ってみました。僧房や小礼拝堂の出入り口と同じようにかがんでくぐると、そこは石で囲われた天井のない狭い部屋でした。床の右側には横長の穴が口を開けていて、おそるおそるのぞき込んでみると、崖の急斜面が滑り台のように下方に続いているのが見えました。

その先がどうなっているのか確かめるために、外に出て塁壁の縁から身を乗り出して見ると、穴が開いているのは急傾斜の谷の源頭で、そこから谷はほぼ垂直にはるか下の方まで斜度をほとんど変えることなく一直線になだれ落ちてゆき、岸壁に打ちつけて白く波しぶきを上げている海面にそのまま突っ込んでいました。もしもこの穴から落ちるようなことでもあれば、途中で止まるのはまず不可能で、海まで二百メートル近い落差をあっという間に転がり落ちていってしまうにちがいありません。

どうしてこんな危険な穴を床にあけたのでしょう。城の石落としにも似ていますが、いったい何のための穴でしょう。

説明が載っていないかと、案内所でもらった英語のパンフレットを開いてみると、ありました。

トイレでした。

石積みの壁に囲まれているとはいえ、海まで真っ逆さまの断崖の上の穴にお尻を突き出して用を足すのは、なかなかに勇気がいることだったと思います。

ビーハイヴの狭くて暗い僧房に入って意識した孤独にはるかに勝って、このトイレで用を足す過酷さにこそわたしは強く心打たれ、中世初期にヨーロッパの西の果てのアイルランドから、西ローマ帝国滅亡後のグレートブリテン島やヨーロッパ大陸に渡って福音を再宣教し、果てはウクライナやイスラエルにまで、また海を渡ってフェロー諸島やアイスランド、さらに伝説ではアメリカ大陸にまで到達したという、アイルランド人修道士たちの何をも恐れぬ緑の殉教の精神が最も顕著に表れているのは、スケリッグ・マイケルのこのトイレの遺跡なのではないかと思ってみたりしました。そして、断崖絶壁に迫《せ》り出した横長の穴の上に、修道服の裾をたくし上げてしゃがみ込んでいる修道士たちの姿を想像し、やっぱりどうしても涙より笑いが込み上げてきてしまうのを、わたしは抑えることができませんでした。

マチャプチャレ

ネパールに大木神父を訪ねて

ネパール中北部ガンダキ・プラデーシュ州ポカラの約二五キロメートル北にあるヒマラヤ山脈アンナプルナ山群南部の山。標高六九九三メートル。ネパール語で魚の尾を意味する山名のとおりの急峻《きゅうしゅん》な双耳峰《そうじほう》。その印象的な山容は聖なる山として古来信仰の対象であり、登山が禁止されているため今でも未踏峰。

二十年ほど前のことです。

教員として長く勤めていた学校を四十過ぎで退職したわたしは、その先の身の振り方に迷いと不安を抱きつつ、今一度しっかりと自分を見つめ直すために日本を飛び出し、ネパールを目指しました。ポカラという町にいるイエズス会の大木章次郎神父を訪ねることにしたのです。

ロイヤル・ネパール航空機で関西国際空港から香港を経てネパールの首都カトマンズの

トリブバン国際空港まで飛んで一泊し、翌日午前中カトマンズの南にある古都パタンを見学してから、昼過ぎに再びトリブバン空港に戻りました。午後二時のイエティ航空機でポカラに向かうつもりでした。

ところが空港に着いてみると、ポカラ行きの出発が三時間ほど遅れるとのこと。機材がヒマラヤ方面から戻ってきていないというのです。上客が搭乗するマウンテン・フライトと呼ばれるヒマラヤ遊覧飛行は航空会社としては最優先のドル箱フライトで、定期航空路が後回しにされるのはネパールではよくあることなのだと、後で知りました。

国際空港とは名ばかりの、小さくて暗くて殺風景で、店もレストランも何もない当時のトリブバン空港で三時間も待つのは味けないので、いったん空港の外に出て近くにある食堂にでも入り、地元の料理を肴《さかな》にビールを飲みながら飛行機が戻ってくるのを待つことにしました。

発展途上国とはいえ、さすがは観光立国ネパールの首都の国際空港脇の食堂です。屋台に毛が生えた程度の店構えではあっても、メニューには写真の他にちゃんと英語が添えられていました。

日本でいえばラーメン餃子《ぎょうざ》セットのようなものがあったのでそれを注文し、エベレストビールというかにもなネーミングのビールを飲みながら料理を待っていると、どこからどう見てもインスタント以外の何物でもないラーメンと、チベット由来の蒸し餃子モモが出てきました。

ラーメン王国日本を出てきたばかりの舌にはさすがにインスタントラーメンがうまいとは感じられませんでしたが、モモの方はつけダレこそ日本とは異なるものの、同種の餃子系料理に共通するおいしさに胃も心もすっかり奪われ、ぺろりと一皿平らげた後、エベレストビールとともにお代わりまで注文してしまいました。

モモでおなかが満たされ、エベレストビールで気分も満たされたところで、さあ、そろそろチェックインが始まるころだと空港カウンターまで戻ってみると、なんと予定の飛行機は既にポカラに向けて飛び立った後でした。

「機材がマウンテン・フライトから思いのほか早く戻ってきたので、遅延を短縮することができて、よかったよかった」

それがカウンターに立って愛想笑いをしている男性スタッフの弁明でした。

空港を離れたのが失敗だったとはいえ、日本では考えられないようないいかげんな対応にどうにも収まりがつかないまま、次の便について尋ねると、カウンターの男性はにこやかに教えてくれました。

「今日はもうないよ」

「え⁉　ここに書いてある五時の便は？」

「さっき出たよ」

「え⁉　さっき出たのは遅れていた二時の便でしょ？」

「五時に出たから五時の便だよ」

「え⁉　まだ五時になってないでしょ？」

「もうすぐ五時だよ」

「え⁉　じゃあ、もともとの五時の便は？」

「明日の朝、飛ぶよ」

「え⁉　そんなことあるの？」

「あるよ」

「……」

あきれ果ててそれ以上ものを言う気力を失ったわたしは、こうしてカトマンズでさらにもう一泊することになってしまったのでした。

翌日は朝いちばんで空港に戻り、カウンターにへばりついたまま一歩も離れずにとどまっていた結果、しばらく待たされはしたものの先頭でチェックインし、右窓際のよい席を確保することができました。

乗り込んだ機内は、進行方向右側に二列、左側に一列座席が並んでいて、大型バスよりも狭い印象でした。

離陸前、客室乗務員が籠を手に機内を回り始めました。近づいてきたところで籠の中をのぞくと、紙でくるんだキャンディーと小さくちぎった脱脂綿がたくさん入っていました。キャンディーは分かるとして、あの脱脂綿はいったい、なんなんだろうと凝視していると、隣席に座っていた地元男性が籠から脱脂綿を二つつまんで取り出し、指でこねて両耳の穴に詰め込みました。どうやら耳栓のようでした。

こんなフワフワスカスカなもので本当に音を遮断できるのか大いにいぶかりながら、それでも隣人をまねて一応わたしも脱脂綿を二つ取り、試しに耳に詰めてみたところ、それまでうるさかった飛行機のエンジン音が、案の定まだかなりの大きさで聞こえるのが確認できました。

日本ではスポンジ製の耳栓を愛用しているわたしです。あまり用をなさず、くすぐったいだけの綿の耳栓などすぐにでも外してしまおうと思ったのですが、郷に入っては郷に従え、これもまた貴重なネパール体験と思い直し、せっかくなのでそのまま空の旅を味わうことにしました。

客室乗務員と同じように、パイロットもしばらく楽しげに客室を行ったり来たりしていましたが、そのうちようやく通路のいちばん前にある入り口からコックピットに収まると、間もなく離陸する旨のアナウンスが流れました。

ところが、コックピットの扉は開いたままです。小さな機体の割には大仰《おおぎょう》な計器盤がわたしの席からもよく確認できます。普段目にすることのないかっこいい操縦席が見えていることに興奮する一方で、厳重に管理されていなければならないはずのコックピットを乗客の目に平然とさらしておく安全対策のずぼらさに不安も感じながら、きっとそのうちに閉めるのだろうと思っていたところが、滑走路を走り出しても、離陸しても、車輪を格納しても、水平飛行に入っても扉は開けっぱなしで、操縦席に座って乗員と談笑し続けているお気楽なパイロットの姿がずっと見えているのでした。

ただ、わたしとしては、コックピットで繰り広げられている能天気なおしゃべりの様子などにらみつけている暇はありませんでした。離陸して高度が上がるとすぐに、ヒマラヤ山脈の雄大なパノラマが窓の外に広がっているのが見えてきたからです。

　右はるか後方に世界最高峰のエベレスト（ネパール名サガルマータ、チベット名チョモランマ）やローツェ、マカルー、チョー・オユー、真横すぐ近くにシシャパンマ（ネパール名ゴサインタン）、しばらく進むと日本隊が初登頂を果たしたマナスル、そしてポカラに近づくと大きくアンナプルナ、さらに遠く前方にはダウラギリ。ポカラまでたった三十分のフライトでしたが、世界に十四座しかない八千メートル峰のうちの八座を、一気に眺めることができたのでした。

　コックピットの扉は相変わらず開いたまままいよいよ着陸態勢に入り、機体を傾けながら降下していく飛行機の窓から、それまで見とれていた山々より手前に、マッターホルンのようにとがった山がそびえ立っているのが確認できました。高度が下がり、アンナプルナ山群が背後に遠のいていくなか、その山だけはぐっと前に迫り出してきてますます目を引くようになり、着陸してタラップを降りるときにも、圧倒的な存在感でわたしを出迎えてくれているように見えました。

　滑走路を歩いて横断し、こぢんまりした空港ビルに入ると、その山のポスターが貼ってあって、マチャプチャレという山名であることが分かりました。

空港からは歩いて大木神父の在所を目指しました。

空港から目的地まで乗り物に一切乗らないなどという体験は初めてでしたが、同じ便で着いた他の乗客も皆、歩いてどこかに消えていきましたし、そもそもバスもタクシーも空港には一台も待機していませんでしたから、歩く以外に選択肢はなかったのです。当時のポカラはネパール第二の都市でありながら、車はほとんど走っておらず、信号も一つしかないようなのどかな田舎町だったのでした。

地図を片手に緩やかな傾斜の道を四、五十分は歩きましたが、その間ずっと正面にそびえ立つマチャプチャレの雄姿が励まし続けてくれて、飽きることも疲れることも迷うこともなく、無事に目的のシシュ・ビカス・ケンドラに到着することができました。

シシュ・ビカス・ケンドラとは、大木神父が創設したハンディキャップを持つ子どもたちのための教育施設です。現地語でシシュは小児、ビカスは成長や発展、ケンドラはセンターの意味です。

大木神父の名前とネパールでの活躍ぶりは、栄光学園の同窓会誌でよく目にしていて、直接会ったことはないものの尊敬と親しみの感情をかってに抱いていたところに、わたしの教員時代の教え子が大学生になってこのシシュ・ビカス・ケンドラを訪問し感化されたと聞いてがぜん興味が湧き、自分もぜひ行ってみたいと思うようになったのでした。

初めて会った大木神父は、小柄ながら年齢の割にはがっしりした体軀《たいく》の人で、目尻にたくさんしわを刻んだ人懐っこい笑顔で右手を差し出し、強い力で握手を交わすと司祭館に快く迎え入れてくれました。

建物に入ってすぐにある雑然とした執務室兼応接間の古いソファに座り、その日はずっと大木神父の当地での奮闘ぶりを聞いて過ごしたのですが、その話の面白さといったら尋常ではありませんでした。

政府からあれこれと難癖をつけられ、理不尽な意地悪をされ、ついには国外追放されそうになったとき、居合わせた地元の人たちが官憲を相手に口々にかばってくれて退去を免れた話。夜中に電話で起こされ、ヒンディー語で暗殺を予告されたものの、「ネパール語で話して」と要求したり、話の途中で「ちょっと待って」と言って録音装置をセットし、相手が不審がるのを「どうぞ続けて」などと促したりして動じずにいたら、諦められたのかあきれられたのか事なきを得た話。川向こうのジャングルから夜な夜なやってくるヒョウに飼い犬を七匹も食われ、近隣住民総出でヒョウ退治をして犬の敵を取った話。

大木神父自身は落ち着いた穏やかな口調で淡々と話してくれるのですが、なにしろ話の中身が日本では想像もつかない、まるで冒険小説のような体験実話なので、わたしはワクワクドキドキしながら時間がたつのも忘れて聞き入ってしまいました（実は、初めのうちは大木師の声が小さくてよく聞き取れませんでした。しかし、脱脂綿の耳栓をしたままだったことに途中で気付き、急いで外したらそれからはちゃんと聞こえるようになりました。脱脂綿でもいくらか遮音効果があることが実証されました）。

二時間くらいたったころ、来訪者があり、残念ながら希代未聞の武勇伝はそこで終わりとなりました。しかし、今度は目の前で驚くべきことが始まりました。

来客はけがをしたので大木神父を訪ねてきたとのことでした。治療費の工面でも頼みに来たのかと思って様子をうかがっていると、流暢《りゅうちょう》なネパール語でしばらくやり取りしていた大木神父は、奥の部屋から何やら大きな道具箱を持ち出してきて、そこからいくつか見慣れない器具や見覚えのある薬を取り出し、それで傷口の治療を始めたのです。手術と言ってもいいようなかなり大がかりな外科治療で、わたしは驚きおびえてしまいましたが、大木神父はいたって平然と治療を続け、十数分後、患部に包帯をぐるぐると巻きつけてようやく終了、けが人の方も当たり前のように軽く会釈をしただけでそのまま帰っていきました。

「薬や医療機器は、医者になった卒業生たちが日本からたくさん送ってくれるんだよ」

うれしそうにそう語る大木師の笑顔を見ながら、栄光学園や広島学院で教鞭《きょうべん》をとっていたときの教え子たちが長じて医者になり、恩師のために挙《こぞ》って一肌脱いでいる様子を知って、わたしもとてもうれしく、またとても羨ましくなりました。

随分と長居をしてしまったのに気付いてそのことをおわびし、翌日からシシュ・ビカス・ケンドラの手伝いをさせてもらう許可をもらって、その日は師のもとを辞去しました。

ポカラはかつてヒッピーの聖地として名をはせたところで、特に街の西にあるフェワ湖畔には長期滞在外国人目当ての安宿がたくさん並んでいて、わたしもそちらの一泊三百円ほどのゲストハウスに投宿することにしました。

翌日、宿の手配でオートバイを借りました。これでシシュ・ビカス・ケンドラとの往復が大変楽になりました。

シシュ・ビカス・ケンドラでは毎日、言葉は通じなくても身振り手振りで子どもたちの勉強や運動、食事や遊びに加わらせてもらいました。ときには遠足に同行してビデオ撮影をまかされたり、子どもを病院に連れていったりしたこともありました。

シシュ・ビカス・ケンドラで仕事がない日にはジョティ・ケンドラを訪ねました。こちらは福音の光修道会のシスター川岡が運営している幼児施設で、ジョティは現地の言葉で光とか喜びを意味しており、貧しい家庭の子どもを預かって親の就業をサポートしていました。

シスター川岡は、ジョティ・ケンドラの運営や子どもの保育だけでなく、親たちの窮状に対応するために、スラムを隅から隅まで歩き回って家庭訪問していました。そこそこの年齢だったはずですが、同行していてもどんどん先に行ってしまって追いつくのも一苦労、大木神父といい、シスター川岡といい、この活力はいったいどこからくるのだろうと本当に不思議でした。

休日や放課後の空き時間にはオートバイでいろいろなところに遠出しました。オールド・バザールやヒンドゥー教のビンドゥバシニ寺院、タシリンのチベット難民キャンプ、セティ・ガンダキの峡谷やパタレ・チャンゴの滝（デヴィス・フォール）、グプテシュワール・マハーデヴの洞窟などにも遊びに出かけました。

なかでも暇を見つけてはオートバイを疾駆させて何度も訪れたお気に入りの場所がありました。ポカラの街の北西、フェワ湖の北にある標高一千五百九十二メートルのサランコットという小高い山の頂上です。ヒマラヤの展望台として有名らしく、山道の舗装はネパールにしては割としっかりしていて、オートバイでもスピードを出して上っていくことができました。

麓から三十分ほどで上り切った山頂からの景色は、本当に息をのんでしまって過呼吸になるほどのすばらしさでした。

うっすらとかすんだポカラ盆地の向こうに、アンナプルナやダウラギリといった八千メートル級の山々が万年雪をべっとりと張り付かせ、青空をバックに白く輝きながら連なっているのが、遮るものなく真正面にずらりと見渡せたのです。

そして、それらのちょうど真ん中手前に、天を突きさすように屹立するマチャプチャレの雄姿がありました。

マチャプチャレ。日本にいたときにはついぞ聞いたことのなかった七千メートルにも満たないこの山は、しかしその山容で他の山々を圧倒していました。サランコットから見るその山頂は切っ先鋭くとがっていて、それがあたかもゴシック様式の大聖堂の尖塔のようで、わたしのような凡夫にさえも畏敬の念を抱かせるに十分な荘厳さと神々しさを帯びており、地元で神聖な山としてあがめられているというのも、それゆえネパール政府が登山を禁止しているというのも、それゆえ未踏峰であるというのも、すべて宜《むべ》なるかな、正にそういう風格の名峰なのでした。

素朴な喜びに満たされたシシュ・ビカス・ケンドラでの日々が終わり、ポカラに泊まるのもこれが最後という日も、わたしは仕事を終えた後、オートバイでサランコットに向かいました。

何度目かのサランコット登頂を成し遂げ、何百回目かのマチャプチャレとの対面を果たしたところで、その雄姿をまばたきもせずに見つめながら、わたしはある一つの決意を固めていました。大木神父に話そうと決めたのです。

こんなことを言ったら大木神父はいったいどんな反応をするだろうかと、少し不安だったのですが、マチャプチャレはそんなわたしの背中を力強く、かつやさしく押してくれているように感じました。

それでも意気地《いくじ》のないわたしは、時間がきてオートバイにまたがった後もすがるようにマチャプチャレを見つめ、走り出してからも未練がましく振り返り振り返り、木々に遮られてとうとう見えなくなってしまうまでその神々しい山容に目をやり続けたのでした。

その夜、お世話になったお礼にと、大木神父をフェワ湖畔のちょっとした中華料理店に招待しました。

「神父さん、ビール飲みますか?」と尋ねると「飲みましょう」との返事。ビール好きのわたしはうれしくなって例のエベレストビールを何本か注文し、大木神父のグラスに注がせてもらいました。

神父は、さっそく一口ごくりと喉に流し込むと、相好を崩してひと言「うまいね」とつぶやきました。

久し振りに飲んだというアルコールのせいで口が滑らかになったのか、大木神父は随分と饒舌になり、国を守るため神に命をささげようと海軍で特攻を志願した話や、終戦で生き長らえた命を神にささげるべく子どものころからそのつもりだった司祭職に就いた話、全員修道女になった姉妹たちの祈りがとても強力だったせいで司祭に召し出されたと信じていること、栄光学園や広島学院で生徒に常々「求められたら断るな」と説いていた手前、ネパールのイエズス会から日本管区に会員の派遣要請があった際には範を示すべく率先して名乗り出た経緯、王族の子弟が通うようなカトマンズの超エリート校勤務が嫌で単身ポカラの障がい児施設に移った事情など、波乱万丈の半生を例によって淡々と語ってくれました。

それから突然、「次は君の話を聞かせてくれ」と振られました。わたしは握っていたビールグラスをテーブルに置き、居ずまいを正し、ごくんと唾を飲み込むと、覚悟を決めて、これからの人生について自分が今、考えていることを率直に吐露しました。

　黙って聞いていた大木神父は、わたしが話し終えるのを見計らって、グラスに残っていたビールを一口で飲み干しテーブルに置くと、少し間をあけてからゆっくりとした口調で諭してくれました。

「何をするにせよ、人と関わる仕事だけは続けなさい」

　ヒッピーの聖地と呼ばれたポカラのフェワ湖畔のほの暗い中華レストランに漂っているデカダンな雰囲気とは明らかに異なる大木神父のオーラに気おされて、わたしは反射的に「はい、そうします」と宣言してしまいました。ただ、大木神父の忠告は決して緊張を強いるような感じのものではありませんでした。むしろ、わたしの心の中にあったもやもやを一気に吹き飛ばし、安堵と勇気を与えてくれたのでした。そしてその瞬間、わたしは心に決めました。

「よし、神父になろう」

　こうしてわたしの司祭召命の道程は、宣教師としての実人生に裏打ちされた大木神父のひと言によって踏み出されたのでした。

翌日、ポカラの空港で飛行機に乗り込むべくタラップを上りながら、見納めと思い最後にもう一度振り返ってマチャプチャレを眺めました。ポカラ滞在中いつもともにいてくれたマチャプチャレは、相変わらず峻険な山容を誇示してはいましたが、そのとんがりは「いいね」と親指を突き立て祝福してくれているように、そのときのわたしには見えたのでした。

シナイ山

圧倒的な拒絶感

エジプト北東部シナイ半島中南部南シナイ県にある山。標高二二八五メートル。現地ではジェベル・ムーサ（北エジプトの発音ではガバル・ムーサ）、すなわちモーセの山と呼ばれる。聖書にある神の山ホレブと同一視されており、モーセやエリヤやエズラはこの山で神から十戒を授けられたり使命を与えられたりしている。

エジプトに来て七日目、カイロ近郊を観光してから一気にアブ・シンベルまで飛び、そこからナイル川に沿ってアスワン、コム・オンボ、エドフ、ルクソールと北上し、そしてまたカイロに戻ってきた翌日、それまでずっと一緒にいてくれた日本語ガイドのアムガド君（エジプト人としては珍しいローマ典礼のカトリック信者）と別れ、わたしは一人、カイロのトルゴマーン・バスターミナルを十一時半に出発する長距離バスに乗り込みました。
思いのほか快適で、エアコンも効いている車内には、わたし以外に外国人とおぼしき乗客はおらず、エジプト人乗客も十人ほどしかいませんでした。

この国にしては珍しく正確な時刻に発車したバスは、しばらくして高速道路に乗り、市街地を抜けると殺風景な砂漠の中をひたすら東進し、やがて紅海最北端の町スエズまでやってきました。

モーセに率いられたイスラエル人たちがエジプト軍の追っ手から逃れつつ海まで進んで行った「出エジプト」の道程を、たった二時間で追体験してしまっている感動とあっけなさに感情の整理もつかないまま、バスはスエズ運河の下をトンネルでくぐってシナイ半島に入り、そこからスエズ湾を右の車窓に眺めつつひたすら南下していきました。

太陽が西に傾き始め、海面を一層キラキラと光らせるようになったころ、バスは何もない小さな集落の何もない小さな食堂の前で停車しました。

乗客の誰かが降車するものとばかり思って、バスの通路前方を観察していたら、運転手が真っ先に降りていきました。それに続いて他の乗客もぞろぞろとバスを降りていきます。どうやら小休止のようなので、わたしも皆に倣ってバスの外に出てみることにしました。

ここに来るたびに毎回そうしているのでしょう、もう既にバスの運転手は場末感漂う食堂に入って、顔見知りと語らいながらお茶と軽食を優雅に楽しんでいます。他の乗客たちは地元住民と区別がつかず、どこで何をしているのか分かりません。

休憩が何時に終わるのか分からないので、調子に乗って遠くまで行くのもためらわれ、本当に何もないこの小さな集落の一本しかない通りを何度も何度も往復しながら、食堂の前を通過するたびに、バスの運転手の顔をちらりと見やって出発をせかしてみたりしました。運転手は運転手で、「まだ出発時刻にはなっていないぞ」とばかりにわたしをジロリと見返して、それからまた旧友との談笑に戻っていくのでした。

結局、四十分もの間バスは停車したまま、運転手は豊かなティータイムをとおして友情を育み、他の乗客は完全にその姿をくらまし、わたしは集落の端から端まで目をつむってでも歩けるようになったところで、ようやく運転手が重い腰を上げました。

バスに戻ってきた数人の客を乗せて、夕日が海の向こうに沈もうとするのを車窓に眺めながら、もうしばらく海岸に平行して走った後、バスはいきなり左折して内陸に進路を変えました。同時に、それまで少なくとも右側には広い海があって開けた感じだったのが、道の両側に白茶けた岩山が目立ち始め、しかもそれがどんどん迫ってきて圧迫感を感じるようになりました。

かといって、日本の山道のようなアップダウンやつづら折りはまったくありません。険しい岩山の間にある砂地の平坦な谷底を、一本道は奥へ奥へと入っていくのでした。思った以上のスピードで疾駆するバスの最前列に陣取り、薄暗闇の中にまっすぐ伸びている道路をぼんやりと眺めているうち、突然気付きました。

そうか、これがワディか！

社会科の教員として地理を教えたこともあるのに、実物を前にしてもそれと分からずにいたとは、われながらあきれてしまいましたが、それでも、誰にも教わらずにそれと気付いたのはさすがと、うぬぼれてもみました。

砂漠にたまに降る雨が一時に奔流となって流れ去ったあとの涸《か》れ谷《だに》であるワディが、普段の交通路として太古から利用されている理由がよく理解できる体験でした。

内陸に向かってからも道程は長く、日が完全に暮れると、街路灯のない道の前方を照らすバスのヘッドライトの届かぬ周囲は、漆黒の闇に包まれて何も見えなくなってしまいました。ヘッドライトが照らすものといえば、砂地の先に薄暗く伸びている一本の道路のみです。

子どものころ、山間地で夜の暗闇におびえたその恐怖を久し振りに思い起こすと同時に、キリスト信者としては詩編二十三の一節から四節に詠まれた「死の影の谷」というフレーズが頭に浮かんできました。

「主は羊飼い、わたしには何も欠けることがない。
主はわたしを青草の原に休ませ
憩いの水のほとりに伴い
魂を生き返らせてくださる。

主は御名にふさわしく
　わたしを正しい道に導かれる。
死の影の谷を行くときも
　わたしは災いを恐れない。
あなたがわたしとともにいてくださる。
あなたの鞭《むち》、あなたの杖
それがわたしを力づける」

不安や恐怖におびえるような心細い状況でこそ、主への全幅の信頼が何にも増して大切であることを、この真っ暗な谷底をバスに身をゆだねながら進んで行くわが身に照らし合わせてみたりしたのです。

たまに左右の車窓のかなたに、ほのかな明かりが三つ四つ見えることがありました。おそらくはベドウィンのテントでともされている石油ランプかストーブなのでしょう。そこに人の営みが確かにあることを証明する人工的なともし火は、見る側の人間に郷愁とともに安堵も与えてくれます。暗闇の中、遠くに見える小さなともし火をぼんやりと眺めながら、これでもキリスト信者の端くれであるわたしは、今度はペトロの第二の手紙一章十九節のメッセージを思い出していました。

「わたしたちには、預言の言葉はいっそう確かなものとなっています。夜が明け、明けの明星があなたがたの心の中に昇るときまで、暗いところに輝くともし火として、どうかこの預言の言葉に留意していてください」

暗いところに輝くともし火というものの温かみとありがたみを、聖書の舞台の一つであるこの地で実際に体験できている喜びに、魂が大きく揺さぶられながら、体もまたバスの振動で小刻みに揺さぶられていました。

バスはなおも、結構なスピードでワディの中の一本道をひた走り、やがて、はるか前方がオレンジ色にぼーっと明るんでいるのが見えてきました。近づくにつれて、それがこれまでなかった街灯の明かりだと分かったところで、サンタ・カテリーナの集落に到着しました。午後七時を回っていました。

最後まで残っていた数人の乗客を全員降ろしたバスは、オレンジ色の薄明かりの先に消えていき、わたし以外の乗客も地元民なのでしょう、それぞれの行先に向かってさっさと散っていきました。一人取り残されたわたしは、アムガド君にもらった宿の案内をザックから取り出して、そこに載っている大ざっぱな地図を唯一の頼りに、誰も見当たらない集落の中をとぼとぼと歩き出しました。

見回してみると、既にシャッターを閉めたレストランや土産物屋がぽつぽつとあるのが確認できました。シナイ山に登る巡礼客や観光客を当て込んで形成された、一種の門前町なのでしょう。

薄暗いオレンジ色の中を誰とも出会わないまま二十分ほど歩かされ、心細さがかなりつのってきたころ、探していたホテルがようやく見つかり、緊張が解けたのかどっと疲れを感じながら、自分でドアを開け、人気のないロビーを突っ切り、無人のフロントで呼び鈴を鳴らし、ようやく出てきた宿の主人にチェックインを依頼しました。

「今日は他に客がいないのでレストランのメニューは一種類だけです。シナイ山のガイドが迎えに来るのは二時です」

愛想笑いを浮かべた宿の主人にそう宣言されましたが、その日の朝、ホテルの朝食に出ていたパンをいくつかもらってきていたので夕食問題はクリア。夜中の一時半にモーニングコールを頼んで目覚まし問題も解決したところで、部屋に入ってさっさとシャワーを浴び、干からびたパンを平らげると、すぐにベッドに潜り込みました。

とはいえ、シナイ山登頂への期待と興奮も手伝って、普段よりはるかに早い午後八時に眠りに落ちることはなかなかに困難で、ウトウトしてもまたすぐに目が覚めてしまい、三十分ごとに腕時計を確認しているうちに、とうとう一時半になってしまいました。しかしそれでも、これからいよいよ憧れのシナイ山に登ると思うと、眠気など吹っ飛んでしまったのでした。

結局モーニングコールは鳴らないまま出発準備を終え、ホテルのロビーに二時五分前に出て、ガイドの迎えを待ちました。

ところが、来ません。五分たち、十分たち、二十分たっても、ガイドは現れません。不安になって、宿の人に問い合わせようと思っても、フロントには誰もおらず、声をかけても呼び鈴を鳴らしても出てきません。

二時半を回り、いったいどうなることかと不安が極限に達したころ、懐中電灯を二本持った若者が、いきなりホテルのドアを押し開けて入ってきました。そして、迷うことなくまっすぐにわたしのところまで来て、二本ある懐中電灯のうちの一本を突き出し手渡すと、何事もなかったかのようにひと言、「レッツ・ゴー」と出発を促しました。

エジプト滞在もかなりの日数になっていて、アラブ人の気質もだいぶ分かってきていたので、またかとあきれはしましたが、憤慨することもなく、彼の後を追って薄暗いオレンジ色に包まれたサンタ・カテリーナの冷え冷えした街に飛び出しました。

未明に出発するのは、シナイ山頂でご来光を見るためで、バスを降りたときには見当たらなかった人影が、懐中電灯を片手にそこここから集まってきて、いよいよ山道を登り始めるころには、結構な人数が相前後して歩く状況になりました。

暗くて寒い中、先導するガイドの懐中電灯の明かりを頼りに、ラクダも通る歩きやすいつづら折りの登山道を二時間ちょっとで、頂上近くの休憩所までたどり着きました。かなりのハイペースで何人も追い越しながら登ってきたので、辺りはまだ暗く、日の出までしばらくあるということで、ここで荷を下ろし大休止となりました。

エジプトでは定番のシャーイと呼ばれる紅茶などすすって暖を取りながら二十分ほど待機し、空が白んできたところで、ガイドが出発を告げました。その声に、さあ、いよいよかと顔を上げると、ガイドはこう付け加えました。

「自分はここで待っている。迷いようのない一本道で頂上はすぐそこだから、おまえ一人で行ってこい。おまえ以外もみんな同じ道を行くから大丈夫だ」

なんだよと思いましたが、既にガイド仲間たちとの談笑に加わってしまっているわが専属ガイドに翻意を促すことはきわめて難しそうだったので、しかたなく一人で立ち上がり、他の巡礼者たちの列に加わって登山を再開しました。

最後のひと踏ん張りでようやく頂上に到達すると、そこには既に何十人もの登山客や巡礼者が陣取って、日が昇る方向を見つめていました。

「この憐れみによって、
高いところからあけぼのの光がわれらを訪れ、
暗闇と死の影に座している者たちを照らし、

われらの歩みを平和の道に導く」

ルカ福音書一章にある「ザカリアの歌」の一節が頭の中に浮かんできました。

雲一つない東天は見る見るうちに明るさを増し、ついに太陽が顔を出すと、そここで歓声が上がりました。続けて、それまで我慢していた仲間内での声高なおしゃべりも始まりました。聖歌だか賛美歌だかを朗々と合唱する韓国人グループもありました。

こういう状況でのこういう喧騒《けんそう》が苦手なわたしは、一人になれる場所を求めて、石積みの三位一体聖堂の裏手に回り、耳を塞いで耐えることにしました。

地平線近くの太陽の動きは速く、あっという間に天空に昇っていきます。それに反比例するかのように、人びとの感動と興奮は沈静化し、おそるおそる耳から両手を離したころには、誰の声も聞こえず、立ち上がって見回すと人影もすっかり消えていました。

休憩所にとどまっていたはずのガイドが何度か様子をうかがいに来るのを背後に感じつつ、わたしはそれから何十分も、この現実離れした景色を独占することができました。

四周を見晴るかすと、草木一本生えていないむき出しの赤い岩山ばかりが、視界の果てまでうねっています。「大自然」などという生易しい形容の範疇《はんちゅう》をはるかに超えた、この世ならざる景観です。

ガイドがあきれて「先に下山する」と言いに来るまで、このすさまじい世界に自らをなんとか溶け込ませられないものかと努めてみたものの、シナイ山は圧倒的な拒絶感をもってそこに在るだけで、結局わずかな隙も与えてくれませんでした。しかし、それこそが神の領域との絶対的な隔たりの黙示であり、主が降ってモーセを呼び寄せるに適所たるゆえんなのだと、妙に納得しながら、先を急ぐガイドを見失わぬよう、その跡を追って急峻な下山道を、はるか眼下に見えるサンタ・カテリーナの修道院目指して、転がるように駆け下りていったのでした。

祝福《しゅく》《ふく》の山《やま》

ガリラヤの風かおる丘で

イスラエル北部地区ガリラヤ湖北西岸の山。標高マイナス八七メートル、ガリラヤ湖面からの高さは一二五メートル。英語ではベアティテューズの山。山名としては他に至福の山、至福の教えの山、山上の垂訓の丘などの訳もみられるが、カトリック的に訳せば真福八端の山。イエスが真福八端をはじめとする山上の垂訓を行ったのはこの山と伝えられる。

「三日目は、山上の垂訓教会でミサということでよろしいでしょうか」

このイスラエル巡礼旅行の企画担当者から打ち合わせでそう聞かれたわたしは、興奮して大きな声で「もちろん」と即答しました。

わたしの返事に一瞬安堵の表情を浮かべた担当者は、すぐにまた申しわけなさそうな顔に戻ると、「その場合、聖堂の中ではなく、屋外でのミサになってしまうかもしれませんが、それでもよろしいですか」と条件を加えてきました。

「イエスはこの群衆を見て、山に登られた。腰を下ろされると、弟子たちが近くに寄ってきた。そこで、イエスは口を開き、教えられた」

マタイ福音書の五章冒頭にそう記されている、まさにその同じ場所でのミサです。イエスや弟子たちと同じように山に腰を下ろしてミサをささげることに、いったいどんな不満があるというのでしょう。こちらからお願いしてでもぜひ実現したいと思い、「もちろん、もちろん、もちろん」と三つ返事で快諾しました。

それ以来、ずっと楽しみにしていた祝福の山での野外ミサが、いよいよ現実になる日がやってきたのです。

巡礼団が乗り込んだ大型バスは、午前九時にティベリアのホテルを出発してガリラヤ湖畔を北上、タブハでパンと魚の奇跡の教会と聖ペトロ首位権の教会（聖ペトロ召命教会）を、カファルナウムでシナゴーグやペトロの家などの遺跡を見学した後、湖岸を離れて坂道をぐんぐん上っていき、ついに待望の祝福の山に到着しました。

立派な駐車場でバスを降りると、辺りにはよく手入れされた庭園が広がっていて、その真ん中にそこそこの大きさの、それほど古くない奇麗な聖堂が立っていました。

ガイドの後についてぞろぞろと聖堂前の広場まで行ったところで、わたしだけ巡礼団から引き離されてその聖堂の祭具室に案内され、ミサの用意をするように促されました。おお、ついにそのときがきたか。

はやる気持ちを抑えつつ、体に合うサイズの祭服を急いで探し出して借用し、ストラを首にかけて準備万端整えると、ガイドの先導でいよいよ待ちに待った野外ミサの会場へと向かいました。

「こちらです」と指し示されたのは、白っぽい石に簡単な装飾を施しただけの小さな四角い質素な祭壇で、その周囲には石でできたより簡素な会衆用ベンチがしつらえてあって、そこに巡礼団の皆さんが所在なげに腰かけていました。

辺りには緑豊かな木々や美しい花々が植えられており、心地よい木陰を提供してくれていて、それはそれで悪くない環境ではあるのですが、立派に育った植物や聖堂の大きな壁面に遮られてしまっていて、眺望は得られません。

太陽輝く青空の下で、丘一面に萌《も》え立ち咲き誇る草花の上に腰を下ろして、眼下に穏やかに広がるガリラヤ湖を見晴らしながらささげるミサ……、ここに来るまで想像していたそんなイメージとはかなり異なる景趣《けいしゅ》です。正直言って少しがっかりしましたが、ここで文句を言っても始まりませんので、気を取り直してさっそくミサを開祭しました。入祭の歌は当然、典礼聖歌集の「ガリラヤの風かおる丘で」。その一番を、皆で声と心を合わせて歌います。

「ガリラヤの風かおる丘で
人びとに話された
恵みのみ言葉を
わたしにも聞かせてください」

ああ、なんと美しく、この場にふさわしい歌でしょう。歌詞にあるとおりの思いを胸に抱きつつ、目を上げて「父と子と聖霊のみ名によって」と十字を切ったところで、わたしが使っている四角い小さな石の祭壇と同じものが、視線の先にもあることに気付きました。続けて「主は皆さんとともに」と唱えながら、手を広げて会衆全員を端から端まで見渡すと、その背後のあちらにもこちらにも、同じサイズの祭壇がいくつも立っているのが見えました。祭壇の周りに石のベンチが設置されているのも同じで、いくつかの祭壇では、われわれと同じようにミサが執り行われていました。

キリスト者が世界中から巡礼に来る聖地ですから、同じ時間に野外ミサをするグループが他にあってもまったく不思議ではありませんし、それに対応できるだけの環境を整えておくのも至極当然のことといえるでしょう。ただ、何か収まりの悪さを感じたのも事実でした。

なんだろう、この違和感は……。

集会祈願を終え、いぶかりながら着席したところで、はたと気付きました。どこかで見たような光景だと思ったら、それは教会学校の夏季キャンプで行った野外バーベキュー場でした。等間隔にいくつもしつらえられているかまどの前で、リーダーは立って食材を調理し、子どもたちはそれを見つめながら座って待っている、そんなシーンになんだか似ていやしないかと、きわめて不謹慎なことを連想してしまったのでした。

いかんいかん、と頭を振り、その浅薄なイメージを必死になって脳裡から追い払おうと努力していると、すぐ隣の祭壇に、ぞろぞろと別の巡礼団がやってきました。どうもラテンアメリカ系の人たちのようで、しばらくするとスペイン語でミサが始まりました。先ほどまでは、遠くの方から英語が聞こえていましたし、世界中からこうしてキリスト者がイエスの跡を追ってこの山に登ってきているのだと思うと、なんだか胸が熱くなりました。やはりここは、弟子たちがイエスの近くに寄ってきてその垂訓に耳を傾けるべき山上なのだということを、改めて認識し直したのでした。

われわれ日本人巡礼団のミサは、答唱詩編とアレルヤ唱が終わり、いよいよわたしの出番となりました。熱い思いを込めて福音を朗読し説教を語ろうと、気合いを入れて立ち上がり、祭壇に一礼して福音書に目を落としたちょうどそのとき、隣のラテンアメリカ巡礼団が朗々と聖歌を歌い始めました。お世辞にも上手とは言えない歌声ですが、聖地に来て気分が高揚しているのか、普段からそうなのか、司祭も会衆も全員がやたらと大きな声で、しかもなぜか周囲をあちこち見回しながら歌うので、わたしの福音朗読がよく聞き取れず、わが同胞は眉間にしわを寄せ、身を乗り出したり耳に手を当てたりしています。わたしも声のボリュームを上げてがなるように朗読し、説教の最後には「われわれも負けないように大きな声で祈りを唱え、賛歌を歌いましょう」と檄《げき》を飛ばして、ちょっとした興奮のうちに着席しました。

次は奉納です。隣は歌ミサなのかなんなのか、音程が微妙にずれた大合唱がとにかくずっと続いています。われわれの奉納の歌は、「ガリラヤの風かおる丘で」の二番。既に入祭で歌ったメロディーですからなじんでいるはず。隣に対抗する絶好のチャンスです。歌い出す前に、わたしはオーケストラや合唱団の指揮者がよくそうしているのをまねて、会衆席にいる一人ひとりの目を見ながらうなずき、奮起を促しました。

そして。

先唱者の「サン、ハイ」という場違いな感じの音頭に声を合わせて皆で歌い出した、その声量の小さいこと小さいこと。一方、ラテンアメリカ巡礼団は対抗心が湧き上がったのか、歌声が一段と大きくなったようで、日本語の歌はすっかりかき消されてしまい、わずかに耳に届いたそれは、隣のメロディー（しかも微妙な音程）の影響を受けてしまったのでしょう、ほとんど原形をとどめていませんでした。

見比べると、ラテンアメリカ巡礼団の構成メンバーは老若男女そろっているうえに、ほぼ全員が大変恰幅《かっぷく》のいい人ばかりなのに対して、リタイアしたシルバー世代を中心に構成されたわが日本人巡礼団は、皆さん小柄でとてもスリムでした。この年齢差と体格差で対抗できると考えたのが、そもそも間違いでした。

「嵐の日波たける湖《うみ》で

弟子たちに諭された
ちからのみ言葉を
わたしにも聞かせてください」

まさに嵐のような状況に身をさらすことになった皆さんは、たける波にもまれる小舟の上の弟子たちのようにうろたえるばかりで、それからは前にも増して声が小さくなってしまいました。

「いつもと同じ感謝の典礼ですから、お互いに多少聞こえなくても大丈夫ですよね」などと心の中で言い訳しながら、わたしの声も徐々に小さく早口になり、滞りなくミサを終えることだけを新たな目標に定めて鋭意努力し、なんとか無事に聖体拝領までこぎつけました。

拝領の歌は「ガリラヤの風かおる丘で」の三番。

「ゴルゴタの十字架の上で
罪びとを招かれた

救いのみ言葉を
わたしにも聞かせてください」

救いを求めたくなるようなそのときの心境となんだか妙にマッチする歌詞に、思わずしみじみと聞き入りながら祭具を片付け終えると、拝領祈願を唱え、派遣の祝福をし、そして、はなから観念して歌った閉祭の歌は「ガリラヤの風かおる丘で」の四番でした。

「夕暮れのエマオへの道で
弟子たちに告げられた
命のみ言葉を
わたしにも聞かせてください」

会衆席の皆さんがひかえめな声量で歌うなか、エマオへ逃避する弟子たちのように、そそくさとその場を立ち去ろうとして、ふと隣のグループを見ると、何人かと目が合いました。

彼らは相変わらず大音量で、ちょっと音程の外れたスペイン語の聖歌を歌いながら、こちらを向き、満面の笑みを浮かべて会釈し、別れの挨拶をしてくれました。あの笑顔はラテン系特有の天真爛漫《てんしんらんまん》さからくるものなのだろうか。いやいや、そんなことはあるまい。きっと歌合戦の勝利者であることを確信し、それを誇示した余裕の表情にちがいない。

そんな疑念に駆られたわたしは、聖堂に向かって歩きながら、得体の知れないやるせなさのようなものを感じていました。

祭具室で借りていた祭服を脱いで返すと、巡礼団の皆さんがまだ残っているあの場所には戻る気になれず、ミサ後は自由時間であるのをいいことに、そのまま聖堂の中に入って一人でかってに見学を始めました。

中央にある祭壇の周りをゆっくりと回りながらふと上方に目をやると、八つの四角いステンドグラスにラテン語が書かれているのが見えました。乏しい知識を推測で補いながら読んでみると、それは真福八端でした。

「心の貧しい人びとは、幸いである、天の国はその人たちのものである。

悲しむ人びとは、幸いである、その人たちは慰められる。
柔和な人びとは、幸いである、その人たちは地を受け継ぐ。
義に飢え渇く人びとは、幸いである、その人たちは満たされる。
憐れみ深い人びとは、幸いである、その人たちは憐れみを受ける。
心の清い人びとは、幸いである、その人たちは神を見る。
平和を実現する人びとは、幸いである、その人たちは神の子と呼ばれる。
義のために迫害される人びとは、幸いである、天の国はその人たちのものである」

記憶を頼りに八つの真の幸いを心の中で日本語に訳し、その一つひとつを反芻しているうちに、少しずつ自省の念が湧き起こってきました。この山でせっかくミサをささげさせてもらいながら、環境への不満とか、下世話な想像とか、無意味なライバル意識とか、そんなことに心乱されていたわたしは、果たして幸いなのでしょうか。

なんだかバツが悪くなってきたので、とりあえず聖堂を出ることにしました。遅れて入ってきた巡礼団の皆さんと擦れ違いながら、平静を装いつつゆっくりと出口まで来たところで、見納めと思って最後にもう一度振り返ってみると、山上の垂訓の様子を描いた絵が掲げられているのに目が留まりました。右手を上げ、天を指し示しながら熱く力強く教えを語るイエスと、彼のもとに集まり熱心に聞き入っている弟子たちや群衆が描かれていました。

わたしとて信者の端くれ、そのまま黙って立ち去るわけにもいかず、絵の中の群衆に紛れ込んだつもりで、皆と同じようにイエスを見つめ、イエスが語る言葉に耳を傾けてみました。

「光を人びとの前に輝かしなさい」、「早く和解しなさい」、「敵を愛しなさい」、「完全な者となりなさい」、「偽善者のようであってはならない」、「人を裁くな」、「狭い門から入りなさい」……。

なんとも耳の痛い言葉が続き、そして最後に山上の垂訓はこう締めくくられました。

「わたしのこれらの言葉を聞くだけで行わない者は皆、砂の上に家を建てた愚かな人に似ている。雨が降り、川があふれ、風が吹いてその家に襲いかかると、倒れて、その倒れ方がひどかった」

二千年前にこの山の上でイエスが語った教えを、今また同じ場所で改めて聞かされたわたしは、弟子たちや群衆の中でただ一人、畏れ多さと恥ずかしさで赤面し目を伏せながら、一応確認のためにおそるおそるイエスに尋ねてみました。

「砂の上に家を建てた愚かな人って、やっぱりわたしのことですか」

タボル山

カラスに教わったこと

イスラエル北部地区イズレエル平原北東部、ガリラヤ湖の南西約二〇キロメートル、ナザレの東約一〇キロメートルにあるおわん型の孤立円丘。標高五八八メートル。アラビア語名はジェベル・エッ・トゥール（訳せば「山の山」）。山頂には二十世紀初頭に建てられたフランシスコ会とギリシャ正教の聖堂や修道院の他、十字軍時代の遺跡やビザンツ時代にまで遡る遺構がある。

イスラエル巡礼旅行の四日目、ティベリアを八時半に出発したわが巡礼団一行が、その日まず初めに向かったのはタボル山でした。

タボル山は、旧約聖書で何度も言及されている山です。

ヨシュア記十九章には、嗣業《しぎょう》の土地の割り当てをくじ引きによって決める際に、ゼブルン族、イサカル族、ナフタリ族の境界を示す山として登場しています。

士師記四章には、「行け、ナフタリ人とゼブルン人一万を動員し、タボル山に集結させよ。わたしはヤビンの将軍シセラとその戦車、軍勢をおまえに対してキション川に集結させる。わたしは彼をおまえの手に渡す」という主の命令を伝えた女預言者デボラとともに、士師バラクがイスラエル軍を率いてタボル山上に陣を張り、そこから下っていってシセラ将軍率いるカナン軍を全滅させた経緯が記されています。

また、同じ士師記の八章では、士師ギデオンが捕らえたミディアンの王ゼバとツァルムナに向かって、「おまえたちが、タボルで殺したのはどんな人びとだったか」と問うています。

サムエル記上の十章では、預言者サムエルから油を注がれたサウルが、帰途に遭遇する三つのうちの二番目の出来事として、「タボルの樫《かし》の木まで行くと、そこで、ベテルに神を拝みに上る三人の男に出会います。一人は子山羊三匹を連れ、一人はパン三個を持ち、一人はぶどう酒一袋を持っています。あなたに挨拶し、二個のパンをくれますから、彼らの手から受け取りなさい」とサムエルに預言されています。

歴代誌上の六章には、メラリの他の子孫に与えられた領域の一つとして、タボルとその放牧地が挙げられています。

また詩編八十九では、「天はあなたのもの、地もあなたのもの。御自ら世界とそこに満ちるものの基を置き、北と南を創造されました。タボル山、ヘルモン山は御名《みな》を喜び歌います」と詠われています。

エレミヤ書四十六章では、バビロンの王ネブカドレツァルがエジプトを撃つために出陣することについてのエレミヤの預言の中で、「『わたしは生きている』と、その御名を万軍の主と呼ばれる王は言われる。タボルが山々の間にあるように、カルメル山が海辺にそびえているように、彼は確かに来る」と、その確実性を示すたとえとしてタボル山の名が挙げられています。

ホセア書五章では、北イスラエル王国に対する審判についてのホセアの預言の中で、「おまえたちはミツパで罠《わな》となり、タボルの山で仕かけられた網となり、シッテムでは深く掘った穴となった」と、指導者たちが民を堕落させた場所の一つとしてタボル山の名が挙げられています。

旧約聖書の世界において、タボル山はこのように重要な役割を数多く担ってきた山なのです。

しかし、多くのキリスト教信者にとってタボル山は、旧約聖書に何度も名前の出てくる山としてよりも、新約聖書の共観福音書に記述のある主の変容の山として知られており、それがゆえにキリスト教徒の巡礼者を数多く集めている山なのです。

「六日の後、イエスは、ペトロ、それにヤコブとその兄弟ヨハネだけを連れて、高い山に登られた。イエスの姿が彼らの目の前で変わり、顔は太陽のように輝き、服は光のように白くなった。見ると、モーセとエリヤが現れ、イエスと語り合っていた。ペトロが口をはさんでイエスに言った。『主よ、わたしたちがここにいるのは、すばらしいことです。お望みでしたら、わたしがここに仮小屋を三つ建てましょう。一つはあなたのため、一つはモーセのため、もう一つはエリヤのためです』。ペトロがこう話しているうちに、光り輝く雲が彼らを覆った。すると、『これはわたしの愛する子、わたしの心に適《かな》う者。これに聞け』という声が雲の中から聞こえた。弟子たちはこれを聞いてひれ伏し、非常に恐れた。イエスは近づき、彼らに手を触れて言われた。『起きなさい。恐れることはない』。彼らが顔を上げて見ると、イエスのほかにはだれもいなかった」

マタイ福音書の十七章にある主の変容の描写です。マルコ福音書九章とルカ福音書九章にもほぼ同様の記述があります。

また、ペトロの第二の手紙の一章十六節から十九節で、主の変容についてペトロは次のように証言しています。

「わたしたちの主イエス・キリストの力に満ちた来臨を知らせるのに、わたしたちは巧みな作り話を用いたわけではありません。わたしたちは、キリストの威光を目撃したのです。荘厳な栄光の中から、『これはわたしの愛する子。わたしの心に適う者』というような声があって、主イエスは父である神から誉れと栄光をお受けになりました。わたしたちは、聖なる山にイエスといたとき、天から響いてきたこの声を聞いたのです。こうして、わたしたちには、預言の言葉はいっそう確かなものとなっています」

この手紙の中でペトロも示唆しているように、主の変容という謎めいた出来事は、それまで隠されていたイエスの真の本性が目に見える形、耳に聞こえる形で明らかにされた出来事で、その後のイエスの受難、特に十字架上の惨めな死に弟子たちがつまずいて信仰を失わないように、その先にあるイエスの復活、さらには再臨を前表し、苦難に耐えられるよう心を準備させたものと言われています。

わたしも神学生のとき、そのように習いました。習いましたが、凡人のわたしには今一つピンとこなかったというのが正直なところです。

ルカ福音書の並行箇所には、主の変容を目撃したペトロが、「先生、わたしたちがここにいるのは、すばらしいことです。仮小屋を三つ建てましょう。一つはあなたのため、一つはモーセのため、もう一つはエリヤのためです」と口走ったことについて、「ペトロは、自分でも何を言っているのか、分からなかったのである」と突き放した解説が記されていますが、わたしはむしろこのときの「自分でも何を言っているのか、分からなかった」というペトロの心理状態にこそ共感を覚えていたのでした。

また、主の変容の出来事を共通して語っているマタイ福音書にもマルコ福音書にもルカ福音書にも、それがタボル山頂で起こったことだとはひと言も書かれていないというのも、わたしにとってはひっかかるところでした。

今回の巡礼で、実際にタボル山の頂上に立って、そのあたりのことをはっきりさせてやろうじゃないの、というのが当時の斜《しゃ》に構えたわたしの心境でした。

ティベリアを出発してしばらくすると、畑の広がるその向こうにおわんを伏せたような丸い山が見えてきました。タボル山です。なるほどよく目立つ山容をしています。ランドマークとして、旧約聖書で何かと言及されているのもよく分かります。

自然と目がいってしまうその山に向かってバスはどんどん近づいていき、やがて山裾を登り始めました。

そのまま頂上まで登っていくものとばかり思ってのんびりしていたら、バスは山の中腹で停車し、下車を促されました。ここから先は道が狭く、つづら折りで、大型バスでは山のてっぺんまで行くことはできないとのことで、待機所でしばらく待たされた後、ようやく現れた三列シート八人乗りのミニバン数台に分乗して山頂に向かうことになりました。ヘアピンカーブの連続する、片側が崖の曲がりくねった山道を、アクセルべた踏みエンジン全開で飛ばしながら、ミニバンのドライバーはラジオから流れる地元の音楽に鼻歌を合わせています。

事前にガイドから、「タボル山ではたまに事故が起きる」などと聞かされていましたので、ときどき、これまたフルスピードの対向車と擦れ違うときなど、助手席に座ったわたしは思わず「うわあ」と大声を出してしまい、そんなわたしの顔を、またドライバーが大げさにのぞき込んでまでして笑うので、もう本当に気が気ではありませんでした。

げんなりしつつもなんとか無事に山頂の駐車場までたどり着き、車から転がり降りると、無造作に放置された十字軍時代の遺跡や四世紀の聖堂跡などの間を通って、ガイドの引率でまずは主の変容教会に向かいました。

聖堂の中に入ると、正面奥の丸天井に描かれたモザイク画が目に飛び込んできました。

驚愕して見つめるペトロとヤコブとヨハネを足元に、律法と預言者をそれぞれ代表するモーセとエリヤを左右に従え、黄金色をバックに雲の上に浮かんで真っ白に輝くキリストが中央に描かれています。主の変容の様子を描いた美しいモザイクの天井画です。

この天井画の真下にある祭壇でミサをささげた後、ガイドの案内で聖堂内部を見て回り、それから外に出て遺跡の見学に移りました。

イスラエルに来てからというもの、毎日古代遺跡を見学させてもらい、正直飽き始めていた凡人のわたしは、そもそも団体行動が苦手なこともあって、ガイドの声を電波で飛ばして耳元で聞くことができるイヤホンガイドを装着しているのをいいことに、少しずつグループを離れて聖堂の脇に回り込み、そこにあった石段をゆっくりと上っていき、他に誰もいないテラスのような場所に出たところで、そこから眼下に広がるイズレエル平原の眺望を一人で独占して楽しむことにしました。

緑豊かなガリラヤの本当に美しい春の景色が見渡すかぎり広がっているのを、ため息をつきながら飽かず眺めていると、そのうちにもともと垂れ込めていた雲がさらに低く降りてきて、やがて山頂を乳白色に包んでしまいました。

巡礼団は聖堂からかなり遠ざかってしまったらしく、ガイドの音声がわたしのイヤホンまで届かなくなり、辺りは完全に無音になりました。目も耳も何一つ受容できず、感覚器官の用を成していません。

おそらく無意識のうちに不安になっていたのでしょう。雲に覆われたわたしは、自分でも何を言っているのか分からなかったペトロのごとく、いったい誰に向かって言ったつもりなのか、「おお、すごいすごい、ご変容と同じじゃないですかあ」などと、妙におちゃらけた声音で内容のない独り言を口にしたりして、ぽつんと一人で心細いその場の空気を少しでも軽いものにしようとヘラヘラしていました。

そのとき、間近で不意に大きな声がしました。緩みかけていた緊張が一瞬にして戻り、わたしは思わず首をすくめました。

声の主は、飛び去っていくカラスでした。その鳴き声は日本でも聞き慣れているありきたりのものでしたが、わたしはその声に思わず居ずまいを正してしまったのです。なぜなら、そのときのわたしには、同じこの場所で弟子たちが雲間《くもま》に聞いた、「これはわたしの愛する子、わたしの心に適う者。これに聞け」というあの声を即座に連想させる何かが感じられたからです。

カラスのこのひと鳴きで完全にびびってしまったわたしは、そそくさと逃げるように石段を駆け下りその場を離れると、ガイドの後をお行儀よくついて回っている巡礼団の最後尾に素知らぬ顔で加わり、それからはおとなしくガイドのすぐ後ろにくっついて離れることはありませんでした。

「では、そろそろ下山しましょうか」というガイドの提案に反対する気もさらさらなく、主の変容が指し示す神学的意味も、その舞台がタボル山か否かも、結局のところよく分からないまま、上りと同じドライバーのミニバンに詰め込まれ、上りよりさらに速いスピードで、遠心力とはいかなるものかを嫌というほど思い知らされながら、なんとか無事に下り切り、車から転がり落ちると、ほうほうのていで元の大型バスに乗り込んで、そこでようやく人心地がついたのでした。

それから、長駆エリコを目指すバスの車内で、少し落ち着いて考えてみました。

主の変容の直後に雲の中から弟子たちに聞こえたあの声が、人類の持つ音声言語であったとは必ずしも言い切れないのではないか。神は、そこに居合わせたなら誰でも聞き取れるような言語、たとえばアラム語で、聖書に書いてあるとおりの言葉をペトロたちに語りかけたとはかぎらないのではないか、と。カラスの鳴き声とまでは言わないけれど、超越者のこの世ならざる何かによってメッセージが発せられ、伝達され、そこにいた弟子たちの、それが耳という聴覚器官でなくても、肉体か精神か霊魂か何かによって受容され、福音書の記述のような人間の言葉に変換され理解されたのだとしても、矛盾はないのではないか、と。

凡人のわたしにしては珍しい思索の記憶は、このあたりで途切れてしまっています。カラスのひと鳴きやヘアピンカーブの緊張から解放されたわたしは、バスの心地よい揺れと車窓から差し込む暖かい春の陽光も手伝って、あっという間に睡魔に身をゆだねてしまったのです。

凡人はやはり凡人なのでした。

オリーブ山

バスの窓から

イスラエル占領下のパレスチナ自治区、東エルサレム旧市街から、キドロンの谷を挟んで一キロメートルほど東にある山群の南の峰。標高八〇八メートル。昔からオリーブ畑が広がっていたことがその山名の由来。アラビア語では、ジェベル・エットゥール（山の山）と呼ばれている。聖書にも重要な場面でたびたび登場する。

イスラエル巡礼の六日目午後三時半、巡礼団はバスでエルサレム旧市街のすぐ東にあるオリーブ山に向かいました。

山とはいっても実際には丘陵で、平らかな山頂には街もあり、道もきちんと整備されていて、難なく山上まで到達することができました。

バスを降りるとすぐそこに展望台がありました。西向きに視界が開けたその正面にはエルサレム旧市街が見渡せ、思わず「うわあ」と感嘆の声がこぼれ出てしまうほどすばらしい眺望でした。

そもそも高いところから下界を見下ろすこと自体、単純に気分がよくてわたしは大好きなのですが、さらにそれが世界遺産にも登録されている古くて美しく貴重な町並みであれば、なおのこと胸が高鳴ってしまうのでした。

眼下のキドロンの谷からあちら側に少し上がったところには堅固な城壁が南北に連なり、そのすぐ向こうの神殿の丘には、金色に輝く岩のドームがひときわ目を引いていました。

またそれ以外にも、イスラム教モスクのドームやミナレット、ユダヤ教のシナゴーグ、キリスト教会のクーポラや鐘楼が、城壁に囲まれた旧市街のあちこちに見え、さらにそのはるか向こうにはエルサレム新市街の近代的な高層ビル群が、西に傾きつつある太陽の逆光で半ばシルエットのように浮かび上がっていて、それはもう本当に心の底から感動してしまう眺めでした。

ただ、ここまでであれば、古い歴史を持つ由緒正しい町なら、他でも似たような景色を楽しむことはできるでしょう。しかしエルサレムには、他には絶対にない特別な要素があるのです。

二千年の間に破壊と再建が繰り返されたとはいえ、眼前に広がるまさにこの町で、イエスが歩き、語り、諭し、癒やし、議論し、非難し、怒り、嘆き、泣き、祈ったという事実です。イエスが裏切られ、逮捕され、否まれ、裁判にかけられ、尋問され、死刑判決を受け、鞭打たれ、侮辱され、十字架を担わされ、磔《はりつけ》にされ、死に、葬られ、復活し、弟子たちに現れたのは、他ならぬこのエルサレムでの出来事なのだという事実です。キリスト者であれば、このことに思いをはせないわけにはいかず、すばらしいとか美しいとか興味深いとか感動的だとか、そんな単純な言葉ではとても表現しきれないような複雑な感情が湧き上がってきて、鳥肌が立ち、打ち震え、うめき声をあげ、思わず涙してしまう町、それがエルサレムなのです。そして、そんなエルサレムの町が一望できる山、唯一無二の感銘を与えてくれる山、それがオリーブ山なのです。

いつまでも飽かず眺めているわたしに気を遣って、予定時刻を過ぎてもしばらくは黙って待っていてくれたガイドと添乗員でしたが、他の皆さんが全員バスに戻ったのを機にわたしを展望台から引き剝がすと、そのままバスに押し込み、すぐさまバスを発車させました。

遅れを取り戻すべく急いでオリーブ山を駆け下りたバスは、麓にあるゲッセマネに立ち寄ってから、今度はイスラエル博物館を目指してキドロンの谷のどんづまりを左に回り込み、先ほどオリーブ山の展望台からよく見えていた旧市街の東の城壁に沿って南下する緩い上り坂に入りました。

それほど広くないその道は大渋滞していて、われわれのバスも少し進んでは長く停車し、また進んではまた止まって、を繰り返していました。やがて、いくらか高度を上げたバスの左の窓の正面に、ついさっきまでいたオリーブ山の全貌が、キドロンの谷を挟んだすぐ向こう側にはっきりと見えてきました。渋滞しているおかげでじっくりと眺めることができます。

オリーブ山の麓には、今しがた立ち寄ったゲッセマネの園が緑濃く見えています。「油しぼり」を意味するアラム語由来のゲッセマネの地名は、マタイとマルコの二つの福音書に記されており、またルカ福音書では「オリーブ山」の「いつもの場所」、ヨハネ福音書ではイエスが「弟子たちとともにたびたびここに集まっておられた」「キドロンの谷の向こう」の「園」とされています。キドロンの谷の向こうのオリーブ山の油しぼりの園であるゲッセマネには、今でもオリーブの木がたくさん植わっていて、最も古い木はイエスの時代には既にあったのだとガイドから聞きました。

「むむっ」

使徒トマスに似て「信じない者」であるわたしは、思わずうなってしまいました。しかし、クレタ島には樹齢三千年を超えるオリーブの老木があるそうですし、二千年前くらいならありえないとも言い切れません。

このゲツセマネに関して、マルコ福音書の十四章には次のように書かれています。

「一同がゲツセマネというところに来ると、イエスは弟子たちに、『わたしが祈っている間、ここに座っていなさい』と言われた。そして、ペトロ、ヤコブ、ヨハネを伴われたが、イエスはひどく恐れてもだえ始め、彼らに言われた。『わたしは死ぬばかりに悲しい。ここを離れず、目を覚ましていなさい』。少し進んで行って地面にひれ伏し、できることなら、この苦しみのときが自分から過ぎ去るようにと祈り、こう言われた。『アッバ、父よ、あなたは何でもおできになります。この杯をわたしから取りのけてください。しかし、わたしが願うことではなく、御心に適うことが行われますように』」

最後の晩餐の後、逮捕されるまでの間、ゲツセマネでイエスが苦悶《くもん》のうちに祈り続けた様子は、マルコ福音書だけでなくすべての福音書に共通して描かれています。そしてそのことを記念して建てられたのが、ゲツセマネの園の隣にある苦悶の教会、別名万国民の教会です。

古代ギリシャ・ローマ建築を模した大きな聖堂のファサードを飾る金ピカのモザイク画が、正面から夕日を浴びて光り輝いているなんともきらびやかなカトリックの教会なのですが、この燦爛《さんらん》たる外観の聖堂の内部にはもっとすごいものがあるのを、先ほど見学した際に目撃しました。なんとイエスがそこでひざまずき、ひれ伏し、うつ伏せになって苦悶のうちに祈ったとされる、ご苦禱の岩という名のごつごつした白い岩盤が、祭壇前の床に露出していたのです。

「むむっ」

正直言ってどうなのかよく分かりません。ただ、こういういわれのあるものを前にすると絶対に触ってみたくなる性分のわたしは、このときもご苦禱の岩の前にひざまずき、ざらざらした岩の表面をなでさせてもらいました。

この教会については、もう一つ謎がありました。万国民の教会という一風変わった別名の由来でした。

ガイドによると、今あるこの聖堂は四世紀にローマ皇帝テオドシウスの建てたバジリカ様式の聖堂を基礎にして、一九二四年に世界十二か国からの献金によって再建されたのでそう呼ばれているとのことでした。お金の出どころが教会の名前になっているというわけです。十二か国をもって万国民と称しているわけです。

「むむっ」

苦悶の教会やゲッセマネの園の左には、先ほど前を素通りした地味な外観の聖母マリア墳墓教会（マリアの墓の教会）が見えます。

四世紀にテオドシウス帝によって建てられ、その後何度も破壊と再建が繰り返されてきた正教の教会で、この教会の地下礼拝堂にはマリアの墓があるということでした。しかもその墓には穴が開いていて、内側を触ることができるということでした。

「むむっ」

正教の生神女就寝《しょうしんじょしゅうしん》とカトリックの聖母被昇天の教義の違いもありますが、どうなんでしょう。

ただ、そんなふうにうたぐり深くうなったりするくせに、一方ではトマスのように、なんとしても三人の墓をこの目で見、その穴に手を入れてみたかったたと悔しがったりもする、複雑で矛盾した性格を有するわたしなのでした。

苦悶の教会の右上には、これまた金ピカに光り輝くタマネギ形のドームを大小七つも屋根の上に乗せた、ロシア正教のマグダラのマリア教会があります。

苦悶の教会といい、マグダラのマリア教会といい、向かいの神殿の丘にそびえ立つ岩のドームのこれまた金ピカな円蓋《えんがい》と、そのまぶしさを競い合っているかのようです。

このマグダラのマリア教会は、ロシア皇帝アレクサンドル三世が亡母マリア・アレクサンドロヴナを記念して一八八八年に建てた教会で、母親の保護の聖人だったマグダラのマリアに奉献されたことから付けられた名前だそうです。

福音書によれば、マグダラのマリアはガリラヤでイエスに七つの悪霊を追い出してもらって以来、イエスに従い仕えてきた女性たちの筆頭格でしたが、ここエルサレムでも、イエスの受難に際して、男の弟子たちが逃げ散った後も数人の仲間とともに刑場までついていき、イエスの磔刑《たっけい》とその死を見守り、埋葬を見届け、三日目の早朝に空の墓を目撃し、復活したイエスと最初に出会い、メッセージを託され、それを使徒たちに伝えるという、とても重要な役割を果たした気丈な女性でした。

ここまではいいのですが、さらに伝説では、マグダラのマリアはローマまで行ってティベリウス帝に会い、紅色の鶏卵を献上してキリストの十字架刑と復活を伝え、総督ピラトの不法を訴えてユダヤから追放させたということにまでなっているのだそうで、聖堂にはその情景を描いた絵も堂々と飾られているとのことでした。

「むむっ」

マグダラのマリア教会のさらに右上には、主の涙の教会（主の泣かれた教会）が見えます。

イエスのエルサレム入城について、ルカ福音書の十九章には次のように描写されています。

「イエスがオリーブ山の下り坂にさしかかられたとき、弟子の群れはこぞって、自分の見たあらゆる奇跡のことで喜び、声高らかに神を賛美し始めた。

『主の名によってこられる方、王に、

祝福があるように。

天には平和、

いと高きところには栄光』

すると、ファリサイ派のある人びとが、群衆の中からイエスに向かって、『先生、お弟子たちを叱ってください』と言った。イエスはお答えになった、『言っておくが、もしこの人たちが黙れば、石が叫びだす』。

エルサレムに近づき、都が見えたとき、イエスはその都のために泣いて、言われた。

『もしこの日に、おまえも平和への道をわきまえていたなら……。しかし今は、それがおまえには見えない。やがてときがきて、敵が周りに堡塁《ほうるい》を築き、おまえを取り巻いて四方から攻め寄せ、おまえとそこにいるおまえの子らを地にたたきつけ、おまえの中の石を残らず崩してしまうだろう。それは、神の訪れてくださるときをわきまえなかったからである』」

　この出来事、つまりイエスがオリーブ山の下り坂で、エルサレムを眺めてその滅亡を予告し涙した出来事を記念して、一九五五年に建てられたのがこのカトリックの教会です。白壁の上部に長球を立てたように突き出た青黒い丸屋根の形状は、イエスが流した涙滴《るいてき》をかたどっているのだそうです。しかし不心得者のわたしにはどうしても、エッグスタンドに立てられた箱根大涌谷《おおわくだに》の黒たまごのように見えてしまうのでした。

「むむっ」

　主の涙の教会からさらに上ったところには、主の祈り（パーテル・ノステル）の教会とカルメル会修道院があります。

　この教会は四世紀、コンスタンティヌス帝の母ヘレナによって建てられたときには使徒たちの教会と名付けられ、ビザンツ時代にはギリシャ語でオリーブ畑を意味するエレオナ教会と呼ばれていました。その後、何度かの破壊と再建を経る中、十字軍時代に主の祈りと関連づけられたようです。一八七四年には修道院が完成し、一九一五年に現在の場所に移されるとともに、ビザンツ時代の教会の再建が始まったのですが、今は中断してしまっています。資金不足だそうです。

先ほど、オリーブ山の展望台に行く途中でこの教会に立ち寄りましたが、その名のとおり、世界中の百以上の言語で書かれた主の祈りの銘板が、屋内外の各所に掲げられていました。

不思議なもので、こんなときには日本語のものをなんとしても見たくなり、あちこち探したのですが見つからず、「やっぱりキリスト教徒が少ないから日本語はないのかなあ」などと失望してうなだれながら最後に聖堂に入ると、祭壇のすぐ脇の壁に日本語の主の祈りが掲げられていてびっくり、厚遇ぶりを喜ぶと同時にその理由が解せずに中途半端な感動に浸りながら、やっと見つけたその日本語訳を読んでみました。

「天においでになるわたしたちの父よ、み名が聖とされますように。みくにが来ますように。みむねが天におこなわれるように地にもおこなわれますように。わたしたちの日々のかてをきょうもお与えください。わたしたちが負いめをもつ人をゆるすように、わたしした

ちの負いめをおゆるしください。わたしたちをこころみにあわせず、悪からお救いくださ
い。アメン」

そう書いてありました。

「むむっ」

ここはカトリック教会だというのに、唱え慣れている口語訳でも、記憶に残っている文語訳でもない不思議な日本語訳で、おまけに「アメン」で、なんだかちょっと微妙な気分になってしまいました。

「イエスはあるところで祈っておられた。祈りが終わると、弟子の一人がイエスに、『主よ、ヨハネが弟子たちに教えたように、わたしたちにも祈りを教えてください』と言った。そこで、イエスは言われた。『祈るときには、こう言いなさい。

父よ、
御名《みな》があがめられますように。
御国《みくに》が来ますように。
わたしたちに必要な糧を毎日与えてください。
わたしたちの罪を赦してください、

わたしたちも自分に負い目のある人を皆赦しますから。

わたしたちを誘惑に遭《あ》わせないでください』」

主の祈りの教会という名前は、ルカ福音書十一章にこうあるのを記念したということなのですが、それがオリーブ山での出来事だと特定できるような記述はどこにもありません。マタイ福音書では、主の祈りはガリラヤにおける山上の垂訓の一つとして提示されています。

「むむっ」

主の祈りの教会のすぐ左上には昇天教会があります。復活した主イエス・キリストが四十日後に昇天したとされる場所に建てられたのだそうです。

四世紀の終わりごろ、最初はキリスト教の教会として建てられたものが、何度か破壊と再建が繰り返された後にイスラム教のモスクとして使われるようになり、メッカの方向を示すミフラーブ（聖龕《せいがん》）も設置されました。現在もイスラム教の管理下にありますが、エディクラ（小祠《しょうし》）はお金を払えば誰でも見学できるということで、大勢のキリスト教徒が訪問する場所になっています。

なぜなら、八角形の小さなエディクラの中には、天に昇ったイエス・キリストが地上で最後に触れていた場所として崇敬されている昇天の岩があるからです。そして、驚くべきことになんとその岩の上には、昇天の際につけられたイエスの右の足跡が残っているのです。

この足跡を見るためだけに多くの巡礼者がわざわざ昇天教会を訪れるのですが、目を凝らしてよく見ても、わたしにはそれが足跡なのかどうか判然としませんでした。

「むむっ」

このエディクラの背後、オリーブ山のてっぺんには、オリーブ山上の主イエス・キリスト昇天修道院があります。

十九世紀から二十世紀にかけて建てられたロシア正教の女子修道院で、よく目立つ立派な鐘楼が屹立しており、そこがキリスト教にとって大変重要な場所であることを示すランドマークになっています。

オリーブ山の頂上に主の昇天の教会や修道院が建てられているのは、使徒言行録の一章に次のような記述があるからです。

「こう話し終わると、イエスは彼らが見ているうちに天に上げられたが、雲に覆われて彼らの目から見えなくなった。イエスが離れ去っていかれるとき、彼らは天を見つめていた。

すると、白い服を着た二人の人がそばに立って、言った。『ガリラヤの人たち、なぜ天を見上げて立っているのか。あなたがたから離れて天に上げられたイエスは、天に行かれるのをあなたがたが見たのと同じありさまで、またおいでになる』。使徒たちは、『オリーブ畑』と呼ばれる山からエルサレムに戻ってきた。この山はエルサレムに近く、安息日にも歩くことが許される距離のところにある」。（この記述をもとに建てられたガリラヤの人たちの教会というのもオリーブ山の上にあるのですが、食傷ぎみなので割愛します）

ところが、同じ筆者によるルカ福音書の二十四章にはこうあります。

「イエスは、そこから彼らをベタニアの辺りまで連れていき、手を上げて祝福された。そして、祝福しながら彼らを離れ、天に上げられた。彼らはイエスを伏し拝んだ後、大喜びでエルサレムに帰り、絶えず神殿の境内にいて、神をほめたたえていた」

ベタニアというのはオリーブ山の南東約二キロの麓にあったと考えられている村の名前ですから、天に上げられたのはオリーブ山の近辺ではあっても山頂とは言えないような書きっぷりで、ルカはこの辺りの地理に疎かったように思われます。

さらに突っ込めば、マルコ福音書の昇天の記述はオリジナルにはなかった可能性大ですし、マタイとヨハネの福音書には昇天という出来事はまったく記載されていません。復活のイエスは使徒たちとともに、最後はガリラヤにいたように書かれています。聖書を読むかぎり、イエスが天に昇ったのはオリーブ山の山頂からだとは断言できないわけです。

「むむっ」

聖書に由来する立派な名前を冠せられてはいるものの、オリーブ山に所在すべき蓋然性には乏しく、一方で個性はめちゃくちゃ豊かな教会たちが、全体としての統一性を欠いたまま、オリーブ山の下から上まで点々と連なっているのを、大渋滞に巻き込まれて立ち往生しているバスの窓から一つひとつ確認していると、それらはまるで麓のフリダシから頂上のアガリを目指す双六のように……、というたとえが不謹慎であれば、まるで新しいタイプの道行の留のように見えてくるのでした。

「ふふふ」

独創的な連想のセンスにうぬぼれて一人悦に入っていたところに、同じく渋滞ぎみの対向車線をゲッセマネ方面に向かって下ってきた大型観光バスが、ちょうど真横で止まりました。オリーブ山を眺めつつ没入していた想像の世界から引き戻されると、ガラス窓を二枚挟んだだけですぐそこにいる向こうのバスのアメリカ人とおぼしき乗客が、わたしの顔を見てニヤニヤしているのと目が合いました。東洋人の神父が窓の外に向かって一人でニヤニヤしているのがおかしくて、それで彼もまたニヤニヤ笑っているようでした。

われに返ったわたしは、恥ずかしさに顔を赤らめながら慌てて目をそらし、反対側の窓の外を眺めるふりをしたのですが、神殿の丘の高い外壁が車窓を完全に覆い塞ぎ、視界を遮ってしまっていて何も見えませんでした。

それでも隣のバスから顔を背けたまま、面白くもなんともない石積みの壁をじっと見つめているうちに、マタイ福音書七章の一節が心に浮かんできました。

「人を裁くな。あなたがたも裁かれないようにするためである。あなたがたは、自分の裁く裁きで裁かれ、自分の量るはかりで量り与えられる」

まさにそのとおりです。

イエスのこの訓戒を現状に当てはめて深く反省しつつ、なおも城壁と向き合い、あちらかこちらかどちらかのバスが動き出して、この状況から一刻も早く解放されるのをただひたすら待ち続けている自分が窓ガラスにうっすらと映っているのを哀しく眺めながら、背中でオリーブ山に赦しを請い、別れを告げるわたしなのでした。

ゴルゴタの丘

先にいる者が後になる

イスラエル占領下のパレスチナ自治区東エルサレム旧市街にある聖墳墓教会内の小丘。標高七七七メートル。ゴルゴタとはされこうべの意味のアラム語だが、ヨハネ福音書ではヘブライ語と説明されている。ラテン語ではカルワリオ。ゴルゴタというところ、あるいは「されこうべ」と呼ばれているところでイエス・キリストは十字架につけられたと四福音書すべてに記されているが、そこが丘であったという記述はない。

われらが聖地巡礼団は、時計回りにイスラエル北半およびパレスチナ自治区ヨルダン川西岸地区を回った後、いよいよエルサレムに入りました。ここで三連泊して、最後はベン・グリオン国際空港からエル・アル航空機で出国する段取りです。

最終日前日、この日の午前中はヴィア・ドロローサ（苦難の道、悲しみの道）を歩いてたどる予定になっていました。

ステファノ門から旧市街に少し入ったところにある小学校に、イエスが死刑の判決を受けた総督ピラトの官邸があったとされており、ここを第一留として西に向かって約一キロ、イエスが十字架を背負ってゴルゴタまで歩いた道程を、全部で十四の留（ステーション）で黙想しながらたどる十字架の道行が始まりました。

イエスが十字架を担わされた第二留は、道を挟んで第一留のすぐ向かいの鞭打ちの教会にあり、そこには道行にリアリティをもたせるために借りることのできる小ぶりの十字架がいくつか置いてありました。

せっかくなので、これを担いで歩く人を募集したのですが、恥ずかしいのか興味がないのか、誰一人名乗り出ませんでした。十字架の道行を一緒に祈りたい人も募ってみましたが、これまた反応なし。巡礼団の中にはカトリック信者ではない人も数人いましたし、それならもう皆でそろって十字架の道行をするのはやめて、それぞれご自由にどうぞということになり、イヤホンガイドを使って随時説明をしながらガイドが先頭をゆっくりと歩いてペースをつくり、わたしはしんがりを務めるべくイヤホンガイドの音声が届くギリギリのところで一団から少し離れて最後尾を歩くことにしました。

第二留から第三留まではかなりの距離があり、途中エッケ・ホモ教会に立ち寄ったりしながら長い一直線の通りをまっすぐに進んで行きました。

狭い通りには土産物屋がいくつか軒を連ねています。いかに多くの外国人旅行者が行き交う街路とはいえ、人類の贖罪《しょくざい》のためにゴルゴタの刑場を目指すわが主イエスの、その十字架の重みを想い、己が罪深さに胸を打ちつつ歩むべき道ですから、その途上で土産物を求めて店に立ち寄るような巡礼者はさすがにおらず、商売も案外難しいのではないかと推考しながら、店先に並べてある品物を見比べつつゆっくりと歩いていたのですが、ふと気付くと、前を歩いているはずの巡礼団一行の姿がありません。辺りをあちこち眺めながらぼんやりと歩いているうちにはぐれてしまったようです。一行はどこへ行ってしまったのか、横道にでも折れていったのか、どこか教会にでも入ったのか、いったい何が起こったのか、驚き慌てて周囲を見回してみると、すぐ後ろに添乗員がいて一安心、道の先には所在なげに振り返り立ち止まっているガイドの姿も確認できました。

では、ガイドとわたしの間にいたはずの御一行様はいったいどこに消えたのでしょう。

前方のガイドのところまで急いで行って同じように振り返ると、添乗員が土産物屋に入っていくのが見えました。何事かといぶかりながらわたしもまたその店まで戻ってみると、暗い店内には行方不明になっていた何人かの同胞の姿がありました。しんがりのわたしが追い抜いていったことなど気にも留めず、買い物に夢中になっています。隣の店の奥ものぞいてみましたが、そちらにも別の同胞数人がやはり通りに背を向けてなにやら必死に物色していました。

添乗員は苦笑いしながら一軒ずつ店の中まで入っていって、「神父さん、先に行っちゃいましたよ」などと前進を促していました。添乗員にそう言われ、何人かは店から出てきてガイドのもとに集まりましたが、それはすべて男性で、女性はなおも強い意志をもってそれぞれの目的を遂行し続けていました。

「時間がないので先に行きまーす」

おもちゃ屋から離れない子どもに対して親が言うような最後通告で脅してなんとか巡礼団を再集合させた添乗員が、かすかに怒気《どき》を忍ばせた語調で「お土産を買う時間は後でちゃんと取りますから」と説得して、十字架の道行はようやく再開されました。

イエスが初めて倒れた第三留、母マリアに出会った第四留、キレネ人シモンが代わりに十字架を担がされた第五留、ベロニカから布を受け取った第六留、再び倒れた第七留、エルサレムの女性たちを慰めた第八留、三度倒れた第九留と、各留で立ち止まってはガイドが丁寧に説明をしてくれるものの、ただそれを聞いているだけで誰も（わたしも）道行の祈りを唱えることのないまま、とうとうイエスが衣を剝がされた第十留までたどり着き、そこからいよいよクライマックスの聖墳墓教会に入っていくのでした。

入り口から中に入るとすぐ右側に階段があり、これを上るとイエスが十字架につけられた第十一留、十字架上で息を引き取った第十二留、十字架から遺体がおろされ悲しみの聖母（スターバト・マーテル）が受け取った第十三留が近接してありました。つまりここがゴルゴタの丘というわけです。

確かに急な階段の上にありましたが、大した高さでもなく、これをもって丘と言っていいのか正直疑問でした。聞けば、丘は削られてこうなったとされているそうで、思わず「はあ」とか「へえ」とか「ほお」とか、そんな言葉にならない言葉が口からこぼれ出てしまいました。

さらに驚いたことに、第十二留の小さな祭壇の下には十字架を立てた穴があいていて、銀製の環形プレートが恭しく施されているのでした。すぐそばには、イエスが息を引き取ったときに発生した地震で、亀裂が走った岩というのもありました。

「はあ、へえ、ほお」

こういうものに対してシニカルな笑いを浮かべてしまうのが常のわたしではありますが、そしてこのときも確かにニヤニヤしてしまいましたが、そのくせ立ち寄る人がほとんどいなかったのをいいことに、十字架の穴に手を突っ込んだまま穴底の岩盤をいつまでも感慨深くいじくり続けたりして、よく言えばわたしの人間存在としての複雑さが、悪く言えば自家撞着《じかどうちゃく》が露呈した第十二留でもありました。

上った階段の反対側にある別の階段でゴルゴタの丘から下りると、そこには十字架からおろされたイエスの亡きがらに埋葬のための香油を施したとされる大きな塗油の石がありました。床の上にあるその平らな長方形の石の周りには大勢の人が群がって膝をかがめ、表面をなで回していました。わたしは当然のようにここでもシニカルな笑いを浮かべていましたが、しかし、そういう行為を目にした以上は自分でもやらないと気がすまない複雑な人間存在でもあるので、自家撞着をものともせず皆と同じようにひざまずき、塗油の石を思う存分なで回してから立ち上がると、さあ、次はいよいよ最終第十四留、イエスが埋葬された墓に胸を高鳴らせながら向かったのでした。

巨大な聖墳墓教会は主にマルチュリオン、すなわちイエスの贖《あがな》いの死を記念するエリアとアナスタシス、すなわちイエスの復活を記念するエリアから成っており、アナスタシスの大円蓋《だいえんがい》の下にはエディクラと呼ばれる小さな聖堂があって、その中にイエスが葬られた石墓《せきぼ》が安置されているということでした。しかし、考古学的にはここがイエスの葬られた場所だと特定されてはいないとも聞いていましたので、わたしはこのときもまた例によってシニカルな笑いを浮かべていたはずです。その一方で、ヴィア・ドロローサを完全踏破するためには、ぜひともエディクラの中に入って第十四留の聖墳墓（と言い伝えられている場所）をこの目で確認しなければという強いこだわりももっていました。複雑な人間存在だからです。

エディクラに近付くと、その周囲を十重二十重《とえはたえ》に巡礼者が取り巻いていました。エディクラの中に入るための行列のようです。

いざ、われらもこれに加わらん、長かりし本場の十字架の道行を遺漏《いろう》なく締めくくらんと勢い込んでいると、少し離れて添乗員となにやらひそひそ話していたガイドが、今度はわたしのところまでやってきてこう耳打ちしました。

「ミサの時間がなくなってしまうので、先にミサをお願いしてもよろしいでしょうか？」

ミサができなくなるのはさすがにまずいので、言われるとおりに十字軍のチャペルと呼ばれる石造りの古い小聖堂まで行ってそこでミサをささげ、それからまたエディクラの前に戻ってくると、行列はミサ前よりもさらに長くなっていました。

いざいざ、われらもこれに並びてついに聖なる墳墓（と言ひ伝へられたるところ）を拝まんと、気合いを込めてその行列をにらんでいると、視界の端でまた添乗員と何やらひそひそ話していたガイドが、再びわたしのところまでやってきてこう耳打ちしました。

「神殿の丘が入場を制限していて、早く行かないと入れなくなりますので、第十四留はエディクラの外から見たということにして、中に入るのは諦めた方がいいかもしれません」

確かに神殿の丘もエルサレム最大の見どころの一つなので、見逃すわけにはいきません。エディクラの周囲を渦のように取り巻いている大行列に加われば、ガイドの言うように、神殿の丘をはじめとするこの日の午後の日程はこなせなくなってしまうでしょう。しかし、ここまで来てイエスの墓（と言い伝えられている場所、しつこいので以後は省略）を見ずに立ち去るのも、悔しくてなりません。

決心できずに「うーむ」とうなりながらエディクラを恨めし気に見つめていると、見かねたガイドがこっそりと耳打ちしてくれました。

「聖墳墓教会の扉は朝五時に開きますから、明日の朝早く起きて出発前に一人でいらっしゃるという手はあります」

「本当ですか？　そんなこと可能ですか？」

思わず添乗員の顔を見ると、「明日の出発は九時ですから、それまでに戻ってきていただければ」との回答。

「ホテルは新市街にありますが、ここまでなら歩いて十五分もあれば大丈夫でしょう」と、ガイドも後押ししてくれました。

なんとすばらしいアイデアでしょう。それなら神殿の丘にも行けますし、イエスの墓も見ることができます。このプランを採用することにみじんのためらいもありませんでした。先ほどまでの鬱悶《うつもん》はどこへやら、急に晴れやかな気分になって、「さあ皆さん、次に行きましょう」などと一行を促し、神殿の丘を目指して巡礼団の先頭を意気揚々と歩き始めたわたしなのでした。

その日の予定を滞りなくこなしてホテルに戻るとすぐに荷物をまとめ、夕食もそこそこにベッドに潜り込み、翌日早朝の起床に備えました。

午前四時半、目覚まし時計の音で飛び起きると、あっという間に身支度を整えてホテルを飛び出しました。夜は明けつつあるものの、まだ巡礼客も観光客も、そして地元の人たちもほとんど誰も出てきていないエルサレムの街を独占してしまっている心地よさで足取りも軽く、五時ちょっと前には聖墳墓教会の大きな扉の前に着くことができました。わたしと同じように開扉《かいひ》を待っているのはほんの数人で、わたし以外は旅行者ではなさそうでした。

五時を少し過ぎたころ、アラブ人の青年が大聖堂の鍵を持ってやってきました。ガイドに聞いたところでは、聖墳墓教会に同居するキリスト教各派のいさかいが激しいので、全教派共通の入り口の鍵はイスラム教徒に託すことになったのだそうです。

青年の横顔を見ながらその話を思い出し、「なんだかなあ」と苦笑いしているうちに、鍵が回され扉が開きました。先頭で中に突入したわたしは、テレビで見た西宮神社の福男選びの競走のように、脇目もふらず速歩で一直線に目的のエディクラに向かいました。

いざエディクラの前に到達すると、その小さな戸口はまだ固く閉じられていて、付近にはわたし以外誰もいませんでした。しめしめ。これなら難なくいちばん乗りで中に入れるでしょう。

大聖堂の開扉直後から、まずは各宗派の礼拝がそれぞれ行われるので、実際にエディクラの中に入れるのはそれが全部終わってからだと、ガイドから教わっていました。

そこで、せっかくの機会ですから他宗派の礼拝をのぞかせてもらおうと、まずはエディクラと向かい合うようにある殉教聖堂で始まったギリシャ正教の礼拝を見学することにしました。

黒ずくめの祭服に身を包み、ひげを豊かに蓄えた聖職者が、何十人もそろって祈ったり歌ったりしている様子はなかなかに荘厳でした。

よく見ると、ロウソクを両手に数本持っている人がいます。主教のようです。右手に三本、左手に二本。見方によってはちょっと不可思議なその様子を興味深く観察しているうちに、

「あっ!」

気付きました。三本のロウソクは父と子と聖霊、つまり三位一体を、二本のロウソクはキリストの神性と人性の両性を表しているのだと。それが分かると、なんだかとても深遠なものを目の当たりにしているように感じられてきて、わたしにしては珍しく「うーむ、なるほど」などと思わずうなってしまったのでした。

ただ、失礼を承知で正直に申し上げれば、長い。とにかく祈りが長いのです。最初は感動して見つめていた三本と二本のロウソクに対しても次第に興味を失ってしまい、見学する場所をあちこち変えてみたりしたものの、もうかれこれ一時間くらいたつというのに一

向に終わる気配がないギリシャ正教の礼拝参観に終止符を打ち、殉教聖堂を離れてエディクラの前に戻ってみました。

少しずつ人が集まり始めていましたが、それでもせいぜい十人程度、小さな戸口は相変わらず閉まっているので、皆、所在なげに遠巻きに待機しています。

しばらくすると、今度はエディクラの裏手で何か始まりました。のぞきに行ってみると、そこには本当に小さな礼拝所があって、コプト正教の聖職者たちが数人、これまた黒ずくめの祭服に豊かなひげ面で、低くて太い声を合わせて祈り始めたところでした。ギリシャ正教の礼拝に比べるとはるかに小規模ではありましたが、本当に手が届く距離で見学できて、これはこれで感動的でした。

こちらの礼拝も長かったのですが、これが終わらなければエディクラの中には入れないわけで、その点では安心して見学していられました。

やっとコプト正教の礼拝が終わり、エディクラの正面に戻ってみると、そこここに散らばってはいるものの、待機人数は二十人ほどにふくらんでいました。時計は六時半を回っています。

本当に開くのかなあ、とだんだん心配になってきたころ、ようやく係の中年男性がやってきてエディクラの戸口の鍵を開け、中に入ったりまた出てきたりし始めました。その様子を見た見学希望者たちは色めき立ち、ぞろぞろと戸口近くに集まってきました。わたしは抜かりなく、その最前列に陣取りました。

戸は開いたものの、その前の鉄柵の間に張られた綱はまだとかれません。準備が整うまでの辛抱だろうとはやる気持ちを抑えながら待っていると、大聖堂の入り口方向からアメリカ人とおぼしき一団が足早にやってきました。老若男女十数人ほどのグループです。

何事かといぶかっていると、先頭の若い男性が躊躇なく綱を外してエディクラの中に入っていきました。それから少しして戸口から再び顔を出したのですが、彼はいつの間にかアルバとストラを着用していました。カトリック司祭のようです。彼が仲間たちに向かってなにやら声をかけ手招きすると、今度はグループ全員が、そばで待機しているわれわれを無視してぞろぞろとエディクラの中に入っていってしまいました。

はじめは「なんなの、これは?」と思いましたが、係官も黙認しています。おそらくキリストの墓前でのミサを予約していたのだろうと推測されました。

まあいいでしょう。そういうことならしかたありません。この人数のミサなら、三十分くらいのものでしょう。七時過ぎには終わるとみました。

このときのわたしにはまだ余裕があり、狭いエディクラに入りきれないおじさんたちが二、三人、戸口から大きなお尻をはみ出させながら必死になって堂内に首を突っ込んでいるのを気の毒に思いつつ笑いながら眺めていたり、後から来た観光客が状況を飲み込めないままエディクラの中に入ろうとするのを係官が制止する様子に「よしよし、よくやった」などと称賛しつつ意地悪な愉悦を感じたりしながら、先頭を離れずにミサが終わるのを辛抱強く待っていました。

正教に比べれば、カトリックのミサはあっという間でした。狭い戸口からぞろぞろと出てくる眠そうな顔のカトリック同胞を見送り、次はいよいよ自分の番だと確信していると、先の係官は戸を閉めて再び綱を張り、どこかに立ち去ってしまいました。もうすぐ七時半になろうというのに、まだ入れないのでしょうか。

何気なく辺りを見回してみると、いつの間にかエディクラの周辺には五、六十人ほどが集まってきていました。特にドイツ語をしゃべっている巡礼団は、二、三十人規模の一大勢力です。

七時半を回ったころ、再び例の係官が戻ってきて、張られた綱の真正面に立っているわたしを含めた四、五人に向かって、「そこはじゃまだから、どけ」というような感じのことを怒った顔で言い放ちました。多少不満ではありましたが、ここは素直に従うことにして、綱を張っている鉄柵の外側までずれて待つことにしました。同様に怒られた他の人たちは、それでも動じずに二、三歩ずれただけでした。

係官の動きが慌ただしくなり、何だか分からないけれどいよいよ中に入れそうな雰囲気になってきたところで、ドイツ人巡礼団が隊列を組みずんずんと前進してきて、さっきわたしが立っていた辺りまで到達すると、そこに陣取りました。

「なんなのこれは？」とまたまた思いつつ、わたしのときと同じように係官がきっと排除するだろうと期待して様子を見ていました。ところが、多勢に無勢と諦めたのか、ゲルマン民族大移動に対して彼はまったく注意しようとしません。

「おいおい、おい」

不公平が黙認されていることに納得がいかず憤然としているうちに、数分後、係官によって綱が完全に外され、ついにエディクラに入るときがやってきました。

先陣を切って小さな入り口からエディクラの中に入っていったのはドイツ人巡礼団の面々でした。

せっかく先頭にいたのにひどいもんだとあきれつつ、一度に中に入れるのはほんの数人なのでゆっくりと少しずつしか進まないドイツ人巡礼団の脇から、わたしもその列に加わろうとしました。

ところがすぐに、何かがそれをかたくなに拒んでいることに気付きました。おかしいなと思いながら、少し位置と角度を変えてもう一度トライしてみましたが、そこには偶然ではないとても手ごわい抵抗、物理的にも精神的にも妥協のない拒絶が、明確に感じられました。

思わず横を見ると、一人の女性が険しい表情で、わたしをはじき出そうと奮闘する姿がそこにはありました。

一瞬たじろいだものの、わたしとしてもここで引き下がるわけにはいきません。今ここに集まっている人たちの中で、いちばん早く来ていたのはこのわたしですし、ドイツ人巡礼団が後方でのんきに暇をつぶしていたときに、その視線の先でエディクラの戸口の前に一人待機していたのもこのわたしです。そしてなにより、わたしには時間がないのです。ここでもし引き下がったら、何十人もいるドイツ人巡礼団の後になってしまい、わが同胞巡礼団の出発時刻には決して間に合わないでしょう。

今度は明確かつ強固な意志をもって、半身の構えから彼女の前の隙間に肩を割り込ませてみました。しかし守備はこれまでにも増して完璧で、わたしはむなしくはじき返されてしまいました。元ドイツ代表ゴールキーパーのオリバー・カーンを想起し、思わずため息を漏らすと、カーンはニヤリと笑ったように見えました。

わたしは強気に攻めるのをやめて、下手に出る作戦に切り替えました。哀れな表情をわざと浮かべて、英語で訴えてみたのです。

「わたしは五時からここにいたんですぅ」

オリバー・カーンは「うそつけ」という顔でわたしを見下ろしています。

「本当ですよお。あなたたちが後ろのベンチや石段に腰かけて待っていたときに、わたしがここに立っているのが見えていたでしょう？」

わたしのこの哀れな抗議に対して、攻守交替とばかりに今度はカーンが怒気を含んだドイツ語で何やら言い返してきました。

その一瞬の隙を突いて、わたしは再びカーンの前のわずかな空間に左肩を差し込みました。最高のタイミング、見事なカウンター攻撃、のはずでした。

しかし、カーンもまたすぐさま反応して前方に体をせり出し、わたしの進路を完全にふさいでしまったのです。鉄壁のディフェンス。まるで岩盤に立ち向かっているかのようでした。

わたしのファウルすれすれのトリックプレーが火に油を注いでしまったらしく、カーンは先ほどよりもさらに声量を上げて怒りを表明してきました。わたしの生涯で最も困難な割り込み事案に思わず泣きそうになった、そのときでした。

小競り合いを続けるわれわれのすぐ前にいた東欧系の若い女性（さっき係官に「どけ」と言われたのにどかなかった人）が、振り向きもせずに両手を上げ、手のひらを上向きにひらりと返しながら、軽やかでかわいらしい、けれども凄味のある声でこう言ったのです。

「ディス・イズ・ア・チャーチ！」

わずかの沈黙の後、「ふんっ」と鼻を一つ鳴らしてから、オリバー・カーンが上腕二頭筋を少しだけ弛緩《しかん》させて力こぶをやや小ぶりにしたので、わたしはカーンと若い女性との間になんとか入ることができました。

本当にすばらしいアシストでした。そばで見ていれば、どちらに非があるか一目瞭然だったのでしょう。正義がこんなふうにもたらされるなんて、思ってもみませんでした。

「そうですよ、おっしゃるとおり、ここは教会ですよ！　いやあ、助かりました！　どうもありがとうございました！」

そんなふうに賛意と謝意を伝えるべく、チャンスをうかがっていました。東欧女性が「お気の毒でしたねえ」とかなんとか言いながらこちらを振り向いてくれるのを待っていたのです。ところが彼女はスカーフをかぶった母親とおぼしき小柄な初老の女性とおしゃべりを続けていて、われわれのその後の成り行きには興味がない様子でした。

それでも一度だけ、母娘の会話を続けながらゆっくりとこちらを振り向いて、わたしの顔を横目で見た瞬間がありました。わたしはありったけの笑顔で会釈しながら彼女を見返し、それから感謝の気持ちを伝えようと口を開きました。

しかし彼女はニコリともせず、わたしにこれっぽっちの関心も示さないまま、再びゆっくりと前に向き直ってしまいました。つまり、窮状を救ってくれた彼女のあの言葉は、侍ジャパンのサポーターとしてわたしを援護するために発せられたのではなく、ただ神聖なる聖墳墓教会の、よりによってイエスの墓の前でいさかいを続ける者どもに対する軽蔑の言葉、レフェリーとしての両者イエローカードだったのでした。

真実を思い知らされたわたしの胸はやるせなさでいっぱいになり、消沈のうちに内省のためのロスタイムに入りました。

今回、わたしはいったい、どうすべきだったのでしょうか。どうすることが正解だったのでしょうか。おとなしくドイツ人巡礼団の後ろに回るべきだったのでしょうか。でも、もしそうしていたら、約束の時間までに戻ることなどできるはずありません。

では、係官の指示に従わず戸口の正面に立ち続けるべきだったのでしょうか。でも、もしそうしていたら、係官の怒りはきっと増幅して何をされていたか分かりませんし、そもそも人としての正しい対応とも思えません。

ポロシャツなんか着ないでローマンカラーをつけていれば少しは敬意を払ってくれたのでしょうか。でも、悪い方に転がれば、「日本人神父は横入りする」などという風評がドイツ全土に流布してしまうかもしれません。

正解を見いだせぬまま、その後はいっさい振り向いてくれず、軽蔑のこもった無視を貫きとおしている眼前の若い東欧女性と、収まりがつかず、怒りのこもった鼻息を背後からわたしの首筋に吹きかけ続けているドイツ人女性に挟まれ、停滞したままの息づまる状況の中、途方に暮れたわたしは逃げ場を求めてエディクラの上方に目をやりました。

頭上を覆っているアナスタシスの大円蓋のてっぺんには円い大きな眼窓《めまど》があって、そこから朝の光が堂内にキラキラと降り注いできているのが見えました。復活したイエスが上げられた天から、愛といつくしみがあふれ出てこぼれ落ちてきているような、そんなまぶしく美しい光景に目を奪われていると、そこからルカ福音書十三章の御言葉が降ってきました。

「人びとは、東から西から、また南から北から来て、神の国で宴会の席に着く。そこでは、後の人で先になる者があり、先の人で後になる者もある」

おお、今おかれているこの状況になんとぴったりな御言葉なのでしょう。神の国の宴席からこぼれ出る愛といつくしみに包まれたこの聖墳墓教会に、東から西から南から北から、ドイツから東欧から日本から、確かに人びとが集まってきています。そして、後にされそうだったわたしが先になり、先になろうとしていたドイツ人女性が後になっているのです。

理不尽に思われた現状に秘められていた真の意味が聖書によって解き明かされたように感じて、わたしは頭上の眼窓を見つめたまま心の中でほくそ笑み、心の中で顔を前後に振り向け、心の中で「ほらね、分かりましたか、やっぱりそういうことなんですよ」とふたりに忠言しました。

眼窓から降り注ぐ光も刻一刻と明るさを増してきていて、それはあたかもわたしの心象風景のようであり、また、今ここでわたしに注がれている祝福の豊かさを象徴しているようにも見えました。

延長戦の末の逆転勝利に十分満足し、正義がもたらされた喜びに浸りながらゆっくりと視線を下げて正面に向き直り、これから手にする優勝杯のようなイメージでエディクラを見つめました。好々爺然《こうこうやぜん》としたドイツ人男性が一人、満足そうな表情でエディクラの戸口からちょうど出てきたところでした。わたしの前には十人ほどが並んで中に入る順番を待っています。この人たちの後に続いて、いよいよわたしもエディクラに入る栄誉に浴するのだと、心を躍らせながらその行列を眺めているうちに、だんだんと新たな疑念が頭をもたげてきて、正義の勝利に対する自信が揺らぎ始めました。

「ん？　自分は誰よりも先にここに来てたのに、もっと遅く来たこの人たちの後になってない？　んん？『先の人で後になる者』って、誰？　んんん？　もしかして、わたし？　んんんん？」

再び勝敗の行方が混沌としてきたところに、背後にあるゴルゴタの丘から十字架上で祈るイエスの声が聞こえてきました。それは最後の審判をつかさどる方による、わたしに対するあきれと憐れみに満ちた裁定のようにも受け取れる、ルカ福音書二十三章のあの御言葉でした。

「父よ、彼らをお赦しください。自分が何をしているのか知らないのです」

おわりに

大学時代、遠藤周作ファンが高じたわたしは、遠藤先生の主宰する素人劇団「樹座」（「キザ」と読みます）の座員になりました。演技が下手でないと入れてもらえないヘンテコな劇団でしたが、そのくせ、あろうことか、その価値も分からないまま帝国劇場の舞台に立たせてもらったりもしました。

社会人になると忙しくなって足が遠のき、遠藤先生の没後はその樹座も解散してしまいましたが、遠藤周作生誕九十年記念ミサで、司祭になっていたわたしも祭壇に立たせてもらったのがきっかけで、それ以後周作忌（毎年命日に遠藤周作先生を偲《しの》ぶ催し）に呼んでもらうようになりました。

その会場で、周作クラブ会長の加賀乙彦先生にご挨拶する機会を得ました。わたしは自己紹介を兼ねて、遠藤先生との出会いの経緯を説明しました。すると加賀先生は驚いて、「樹座にいた神父なんて、信じられないなあ」と大声を上げられたのです。

そのやり取りをたまたまそばで聞いていたらしく、「信じられない神父」に興味を持った女子パウロ会編集部のシスター大岩から本の執筆を依頼され、どうしたものかと思案を巡らせるうちに、山で神に叱られたことなら何度もあるのを思い出し、それでよければということで体験談をつづり、上梓するにいたったのが本書です。

原稿を書き上げるのに二年半もかかってしまいましたが、その間、わたしを見捨てずに辛抱強く導いてくれたシスター大岩には、改めてお礼を申し上げます。

また、事実確認のために中高、大学時代の友人知人や、教会の兄弟姉妹から多大なる協力と助言を賜りました。どうもありがとうございました。特に、福音の光修道会のシスター川岡俊子さんと、在イスラエル日本人ガイドのツァイリ享子さんには、現地関連の原稿を詳細にチェックしていただきました。心より感謝申し上げます。

伊藤　淳

二〇二三年一月二十四日　六十二歳の誕生日に

本文中の聖書の引用は、日本聖書協会『聖書 新共同訳』（一九九九年版）を使用させていただきました。ただし、漢字・仮名の表記は本文に合わせたことを、お断りいたします。

著者紹介

伊藤 淳

（いとう あつし）

1961年神戸生まれ。横浜育ち。みずがめ座。B型。
ひまわり幼稚園、東戸塚小学校、栄光学園中学高等学校、
一橋大学、日本カトリック神学院卒。
一般企業社員、カトリック学校教諭、無職を経て、
2010年よりカトリック東京教区司祭。

ぐうたら神父《しんぷ》の山日誌《やまにっし》

著者
伊藤 淳

発行所
女子パウロ会

代表者
松岡陽子

〒107-0052 東京都港区赤坂8-12-42
Tel.(03)3479-3943 Fax.(03)3479-3944
webサイト https://pauline.or.jp/

印刷所
精興社

初版発行
2023年6月30日

ISBN978-4-7896-0835-0 C0016 NDC194

JASRAC 出 2301946-301
日本基督教団讃美歌委員会著作物使用許諾第 5096 号